कोई देखे...
तेरा जाना

(चित्र-चरित्र)

अम्बिकादत्त

प्रभाकर
प्रकाशन

ISBN: 978-93-93193-64-3
eISBN: 978-93-93193-69-8

प्रकाशकः प्रभाकर प्रकाशन
प्लॉट नं.-55, मेन मदर डेयरी रोड
पांडव नगर, ईस्ट दिल्ली-110092
फोनः 011-40395855

ई-मेलः sales@pharosbooks.in
वेबसाइटः www.prabhakarprakashan.com

संस्करण: 2022

कोई देखे...तेरा जाना
अम्बिकादत्त

चित्र-चरित्र

कहना मुश्किल है कि ये रचनाएँ किस विधा में गिनी जाएँगी। कविता के भय से आज़ाद होने के बाद, साहित्य की कोटि में भी गिनी जाएँगी या नहीं, इस सोच से भी मुक्त हो जाने के बाद, जब मनरेगा के मजूर की तरह रोज़नामचा लिखना शुरू किया, ये तब की रचनाएँ हैं। इसीलिए ठीक से कहना मुश्किल है, रोज़नामचे में लिखी गईं ये गद्य रचनाएँ, डायरी अंश हैं, संस्मरण, रेखाचित्र, यात्रा-वृत्तान्त, किस्से, बतकही या कुछ और हैं। इनमें मनुष्य हैं और कुछ चित्र हैं, जो चित्त और चरित्र के हैं। अपना लिखा, किसी साधारण पाठक से भी पढ़ा जा सके, इतना पठनीय तो हो, ऐसा अपेक्षा भाव ख़ुद की जवाबदेही के निमित्त, कहीं अंदर रहा होगा ज़रूर। जैसा मन में आया, वैसे लिखे गए रोज़नामचे में से कुछ चुने हुए चित्र-चरित्र हैं ये...।

बाज लोग

बाज लोग अपनी शराफ़त, शख़्सियत या आदमियत–अपने कपड़ों, अपने अंदाज़, हाव-भाव, बोल–चाल, अदब–आदाब, भाषा से, सिर हिलाने, हाथ मिलाने से ज़ाहिर करते हैं अथवा छुपाते हैं।

लेकिन कुछ लोगों को देखते ही आपको लगता है यह आदमी सरीखा आदमी है। उनकी इनसानियत, उनकी शख़्सियत से ख़ुद-ब-ख़ुद ज़ाहिर होती है। ज़रूरी नहीं कि ऐसे लोग धन, बल, मान, पद, प्रतिष्ठा, ओहदे, उपाधि की वजह से बड़े गिने जाते हों। बिलकुल साधारण से लगने वाले ये वो लोग हैं, जो हमें अपनी ज़िंदगी में यहाँ–वहाँ, कहीं भी मिल जाते हैं। कैसे भी, कभी भी, किसी भी रूप में–शहर में, गाँव में, रेल में, सफ़र में, सराय, होटल, धरमशाला या दरशन की परिक्रमा में– नौकरी, तबादले, दफ़तर में। ऐसे लोग कहीं भी मिल सकते हैं जिन्हें देखते ही–मिलते ही, आपको पहली नज़र, पहली मुलाक़ात में लग जाता है कि एक जुड़ाव-सा है। कई बार हम-आप कहते नहीं, हमें कहना ज़रूरी नहीं लगता। हर बार, हमेशा, हर आदमी से कह पाना संभव भी नहीं होता। लेकिन अनुभव, ज़रूर हर कोई महसूस करता है, कर सकता है।

ऐसा अनुभव कई सारे लोगों से मिलकर हुआ। वे कब, कहाँ, कैसे मिले? कितनी देर, कितनी बार मिले? ठीक से याद नहीं। क्योंकि न तो उस वक़्त सजग होकर गौर किया, न बाद में। न ही उस वक़्त उस अनुभव को लिखने, कहने का सोचा, किन्तु अब जब कभी उस वक़्त का, उस मुलाक़ात का, धुँधला–सा या अमूर्त पुनर्स्मरण होता है, तो वह भी पुनर्नवा करता है।

विषय सूची

पगल्ये

आप वास्को-डि-गामा के बारे में जानते हैं? कोलम्बस के बारे में? यदि हाँ तो मैगस्थनीज के बारे में भी जानते होंगे। हो सकता है आपने राहुल सांकृत्यायन या इसी तरह के महान या बड़े-छोटे, किन्हीं यात्रियों का नाम सुन रखा हो। लेकिन आप मांगीबाई के बारे में नहीं जानते।

मांगीबाई अकलेरा जिला झालावाड़ (राजस्थान) के पास एक गाँव देवरी की रहने वाली है। मध्य वय, मँझोले कद, मज़बूत काठी की साँवले रंग की मांगीबाई बागरी जाति की है। मैं भी बागरी जाति के बारे में ज़्यादा नहीं जानता, सिवाय इसके कि ये खानाबदोश जाति है। इनके डेरे, तम्बू या टापरियाँ गाँव के बाहर होती हैं, जिनमें ये कुछ दिन रहते हैं। फिर आगे कहीं चले जाते हैं। इनमें से कुछ को मैंने, खजूर के पत्तों की चटाइयाँ, बुहारे, बुहारियाँ कभी कूँचियाँ बनाकर बेचते देखा है। इन पर चोरियाँ करने का शक भी लोग करते हैं कुछ लोग जरायम पेशा समझते हैं, इस क़ौम को। शायद ऐसा हो भी, ठीक से कह नहीं सकते। बहरहाल, इनकी सामाजिक हैसियत अच्छी नहीं कही जा सकती। मांगीबाई उसी जाति की है।

मांगीबाई एक यात्रा दल में है। सात जने हैं, इस यात्रा दल में। पाँच किराड़, दो बागरी। उन्हीं में एक, मांगीबाई। मांगीबाई का एक अधेड़ सहयात्री है, मांगीलाल। वह किराड़ है।

इनका दल देवरी से आया है। यात्रा का आज तीसरा दिन है या चौथा? मैंने जानना चाहा तो मांगीबाई ने यात्रा दल के एक सहयात्री से पूछकर पक्का किया। उसने जिससे पूछा, उसका नाम राजपाल है।

मांगीबाई के दो सहयात्रियों में से एक ने प्लास्टिक की चप्पल पहन रखी है दूसरे ने भी चप्पल पहन तो रखी है, पर वह इससे कमज़ोर है। वैसे ज़्यादा भरोसे की पहले वाले की भी नहीं है। मांगीबाई नंगे पैर है, मांगीबाई ने अपना लहंगा और ओढ़नी थोड़ा ऊँचा करके खुड़ेस रखा है। मैं उसकी एक मज़बूत पिंडली और ज़मीन पर जमे हुए दो पाँव देख सकता हूँ।

मांगीबाई का यात्रा दल रामदेवरा पदयात्रियों का दल है। रामदेवरा, रामदेवजी का धाम है। रामदेवजी, राजस्थान के बहुत व्यापक मान्यता वाले 'लोक देवता' हैं। वहाँ हर साल भादवे में लक्खी मेला लगता है। ये लोग वहीं जा रहे हैं। रामदेवरा यहाँ से लगभग साढ़े पाँच सौ किलोमीटर है। ये जहाँ से आए हैं वो दूरी भी डेढ़ सौ कि.मी. से कम नहीं है, लगभग सात सौ किलोमीटर की पदयात्रा।

मेरे मन में एक हूक-सी उठती है, जानने की, कि किसके बूते? किस भरोसे? किस वजह से? किस निमित्त? किस प्रेरणा से? किस कामना से? यह यात्रा! क्या है इतनी लंबी पद यात्रा के पीछे? वह डोर, वह तंतु, सूत्र...वह तागा क्या है। रास्ता, लकीर, शक्ति, बल क्या है? जो धकेलता है उन्हें अपने घरों से...और वह क्या है, जो अपनी तरफ़ खींचता है।

हमें तो कुछ दूर पैदल जाना हो, और अपने संकल्प को टटोलें...तो वह तिरोहित मिलता है। वह नशा क्या है, जो इतना पैदल चलने पर भी उन्हें थकने नहीं देता। उसकी विवेचना...विमर्श? उसकी व्याख्या में न जाएँ तो ही अच्छा है। वरना दूर तक जाना पड़ेगा। हो सकता है...फिर शायद लौटना हो न हो।

मैं राम देवरा गया हूँ। वहाँ समाधि है रामदेवजी की। उनके पगल्ये भी हैं। चरण-चिह्न के दर्शन करके धन्य होते हैं—जातरू। दूर-दूर से तीर्थयात्री आते हैं। स्मृति पर ज़ोर देता हूँ तो समाधि का स्मरण आता है। आकृति उभरती है। किन्तु पगल्यों का चित्र ठीक से स्पष्ट नहीं उभरता, स्मृति में। बिसर-सा रहा हूँ।

मैं मांगीबाई के चरणों को देखकर, रामदेवजी के पगल्यों के दर्शन के समय उपजे भाव का पुनर्स्मरण करना चाहता हूँ।

28/07/17

❑

चलो मन माधोपूर

माधोपूर नहीं माधोपुर। भाई विनोद पदरज और हमारे बीच रोज़ बात होती है, बिना नागा, भारी बारिश में भी। पिछले हफ्ते माधोपुर में मज़े की बारिश हुई और विनोद हुलस-हुलसकर मुझे बताते रहे। चिढ़ाते तो क्यों? कहिए ललचाते रहे माधोपुर आने के लिए। रमते राम ने सोचा, वाकई माधोपुर क्या दूर है? अगर ठान ले कोई किसी से मिलने की तो कहते हैं पूरी कायनात उसकी मदद करती है।

कोटा से माधोपुर के बीच हज़ारों गाड़ियाँ हैं, जिनमें लाखों सीटें हैं, करोड़ों मुसाफ़िर रोज़ सफ़र करते हैं। कहने का मतलब समझ गए न। सीनियर सिटिजन के लिए एक्सप्रेस ट्रेन में आरक्षित सीट पर बैठकर यात्रा करने का किराया मात्र साठ रुपए है। दयोदय एक्सप्रेस गाड़ी का नाम है।

माधोपुर रेलवे स्टेशन पर उतरते ही मैंने विनोद से पूछा–"यह माधोपुर का रेलवे स्टेशन है–यहाँ चौंले की दाल के बड़े हैं, यह बजरिया है। यहाँ विश्व धरोहर रणथम्भौर का किला है, त्रिनेत्र गणेश जी हैं–रणतभंवर। अभ्यारण्य है, बाघ है, पहाड़ है, जंगल है...पर माधोपूर कहाँ है? मैं इतनी बार आया पर मैंने माभोपुर नहीं देखा।" खग जाने खग की भाषा। विनोद बोले–"दिखाएँगे तुम्हें माधोपुर।"

हम स्कूटर से हाउसिंग बोर्ड पहुँचे। सोचता हूँ कहूँ या न कहूँ यदि स्नेह, सौजन्य, सरसता में विनोद पूरे हैं तो चंदा जी सवाई। इसमें खिली हुई हँसी और उत्साह और जोड़ लें।

हम पहले नीचे ही ठहरते थे, ऊपर कमरा बनने के बाद मैं पहली बार गया था। एक कवि का ख़ूब खुला बँगला–सामने पहाड़ियाँ, जो हरी धुंध से घिरी हैं क्या पता बरस जाएँ। बादलों भरे, आसमान के नीचे कवि के बँगले में बहती शीतल, मंद, सुगंध, समीर। मौसम बहुत अच्छा है यदि बरस जाए तो और अच्छा हो। आलू बड़े और जलेबियाँ हमारे साथ स्कूटर पर ही आए थे। बँगले में तनिक विश्राम करने का दिल हुआ। दो बिस्तर लगे हैं कमरे में सटे हुए, हम दोनों लेट गए। बात करते

करते शायद झपकी लगी हो। हमने बार-बार माहौल और मौसम को खूब सराहा। यहाँ हमारे जीवन कितने क्लान्त और विश्राम विहीन हो गए हैं। यह जानना हो तो एकबार माधोपुर ज़रूर जाना पड़ेगा।

माधोपुर जाने के लिए स्कूटर के बजाय मोटर साइकिल ठीक रहेगी। चंदा जी निर्देश ही नहीं देतीं, उसका नियम भी सुनिश्चित करती हैं।

हेलमेट धारी कवि की मोटरसाइकिल पर पीछे बैठा मैं उड़ता जा रहा था, माधोपुर कल्पना में।

भैरुजी, गोराजी, कालाजी, गोपालजी का मंदिर। मंदिर बहुत हैं माधोपुर में। कई देवी-देवताओं, लोक देवताओं के और कई जाति समाजों के। धरम हैं माधोपुर में। कई धरमशालाएँ भी हैं। सड़कें, नालियाँ कोई अनूठी नहीं, वही टूटी हुई और ठँसी हुई। 'बुरा जो देखन मैं चला बुरा न मिलिया कोय।'

सीधी सड़कों को चौराहे पर गलियाँ क्रॉस करती हैं, इन्हीं के दायरे में मोहल्ले हैं। पेशे और जातियों के हिसाब से नीलगरों छीपों की तरह माधोपुर और भी पेशों के लिए जाना जाता था। जैसे-लकड़ी के खिलौने, इत्र, खस के सामान। यहाँ मिट्टी की खस लगी सुराहियाँ लेने उतरते थे लोग ट्रेन रुकते ही। जो नहीं आ पाते थे, मँगाते थे जाने वालों से। उन सब धंधों का रोज़गार मंदा ही नहीं मिट-सा गया है। कौन सोचता है? किसको फिकर है कि ख़ुशबू का रोज़गार करने वाले क्या करते होंगे आजकल?

अठहत्तर सीढ़ियों वाला स्कूल। वहाँ की कई दुकानों पर नई तरह के ऊँचे काँच के काउंटर बन गए हैं। फिर भी बहुत-सी दुकानें अभी भी नीचे थड़े वाली हैं, सड़क के बिलकुल बराबर या एक दो सीढ़ी ऊँची। गली के बाज़ार में मैणकप्पड़, तिरपाल की छाया में ठंडक है, वहीं पर ताले-कुंजी वाला और छोटा बिसाती सड़क के किनारे खुले में थोड़ी-सी जगह में अपना सामान सजाए बैठे हैं। मशहूर हलवाई की दुकान की साइज या कालिख मत देखिए, ख़ुशबू बस ख़ुशबू! महसूस करिए, असली माल की। वह खूशबू हमारे यहाँ न तो दूध में है न मावे में, कितना ही बड़ा मिष्ठान्न भंडार हो।

कपड़े की दुकानें तरह-तरह के रंग-बिरंगे कपड़ों, पोशाकों से भरी हैं, ज्यादातर स्त्रियों के ही हैं। पुरुषों की धोती, गमछे भी ज़रूर होंगे।

बाज़ार, रिहायशी मकान, नई-पुरानी दुकानें, सब मिला-जुला है। पुराने मकान जो बंद हैं वे उदास से लगे, जो खुले हैं उनकी भी हालत पतली-सी लगती है।

बेशक उनका पुराना स्थानीय स्थापत्य, छोटे खम्भे, छोटे दरवाज़े, पुराने किवाड़, छोटी खिड़कियाँ, छोटे पल्ले, छोटे झरोखे, जालियाँ–अपनी अलग पहचान की मज़बूत दावेदारी करते हैं। दो मंदिरों के दरवाज़ों पर दो-दो हाथी बने हैं। आकार ऐसा जैसे असली हों। दोनों अपनी सूंडें उठाए हुए। इस मूर्ति में एक जोड़े की टाँगों के बीच पेट के नीचे की जगह ख़ाली है। एक हाथी की टाँगों के बीच किसी ने दुकान लगा ली है। हाथी के पेट में तो सबका पेट समा सकता है, किसी का पेट भरे तो क्या बुरा है।

सब्जी मंडी के पास बुहारे बिक रहे थे खजूर के, कई सारी बुहारे वालियाँ ज़मीन पर बैठी थीं। खजूर के बुहारों से अभी भी जिन मकानों में झाड़ू निकाला जाता है वे कितने हैं? एक बुहारे वाली के पास कितने बुहारे हैं और कितने बिक जाएँगे, जिससे इनका परिवार पलता होगा? क्या इसका अर्थशास्त्र इतना सरल है? ये कब से स्वच्छता अभियान की देहरी पर बैठी हैं? इनका दाय कौन तय करेगा? मैं कवि के पीछे बैठा था।

शाम को कहीं जीमने जाना था। विस्तार से वर्णन तो रोज़नामचे में दर्ज़ है डेढ़ दिन का। इतना कहना ज़रूर है, हम खाने का, पीने का, देखने-सुनने का तात्कालिक आनंद तो लेते हैं लेकिन साथ रहने का आनंद बिसरते जा रहे हैं। यह डेढ़ दिन साथ रहने का आनंद था। प्राकृतिक झरने में नहाने का अलग।

❐

बदरी महाराज

आज शाम अंता में अनूप के बेटे की शादी है। अंता में अपनी नाल गड़ी है और अनूप अपना जिगरी है। जिन दिनों ज़िंदगी के पेड़ के हर पत्ते पर आवारगी की अमरबेल छाई रहती है, उन दिनों का। शादी में शामिल होना ज़रूरी ही नहीं निहायत ज़रूरी है, फिर बदरी महाराज से भी तो मिलना है, वह भी ज़रूरी है। पिछली बार भी रह गया था, तब डर लगा था कि बदरी महाराज से मुलाक़ात का मामला भी कहीं वैसा ही न हो जाए जैसा लूनकरण सर के भगवानदास जी गौड़ के साथ हुआ, संपूर्ण जीवन अफ़सोस रहने जैसा।

अनूप और हमारे कई समान मित्र हैं। कवि मित्र ओम नागर, मुकुट मणिराज, दुर्गादान जी, निशामुनी को भी अनूप के बेटे की शादी में जाना था इसलिए सभी साथ हो लिए। कोटा से अंता तक का रास्ता, फोरलेन सड़क और मित्रों की बातें...ये सब थे तो पहुँचने में देर न लगी।

कार खड़ी की, विष्णु विश्वास "अंता के युवा कवि" मित्र हैं, वे आन मिले। विवाह स्थल, चौहान वाटिका में है, मुख्य कार्यक्रम में अभी देर थी, जिससे बदरी महाराज से मिलकर आया जा सकता था। वहीं से सत्तू को फ़ोन किया, फटफटी लेकर आने और बदरी महाराज से मिला लाने के निमित्त। सत्तू आए, तब तक घर होकर आया जा सकता है। छोटा भाई दिनेश सपरिवार यहीं रहता है, चलो! पैदल ही निकल पड़े। रास्ते में सूरया मिला 'सुरेंद्र'। गुरु प्रेम प्रकाश गौतम जी का सुपुत्र। अरविंद का छोटा भाई। गुरु प्रेमप्रकाश जी की आयु पिच्चासी के आस-पास होगी। अभी भी भ्रमणशील हैं, मज़े से घूमते फिरते हैं...पैदल कहीं भी मिल जाएँगे। पूरा जीवन एक अध्यापक के सहज सामान्य जीवन सरीखा बिताया। सूती धोती-कुरता, बिना प्रेस किया हुआ। लोग कहते हैं इनके क्या कमी है, मैं भी यही मानता हूँ इनके क्या कमी है, इनको ज़्यादा कुछ चाहिए ही नहीं।

अंता में अपने को किसी से भी, अधिकारपूर्वक, कुछ भी कहने का हक़ हासिल है। सूरया मोटर साईकिल लेकर कहीं जा रहा था। मैंने कहा—"सूरया, रुक!

वापिस मुड़, भाईसाहब दुर्गादान जी को घर तक छोड़ दे, हम आते हैं। सत्तू आ गया तो ठीक, नहीं तो मुझे बदरी महाराज से मिलाकर लाना।" नटने, यानी मना करने का सवाल ही नहीं था।

ओम नागर बदरी महाराज से परिचित नहीं हैं, उन्होंने आख़िरकार पूछ ही लिया–"ये बदरी महाराज कौन हैं? जिनसे मिलने की आपकी इतनी प्रबल उत्कंठा है।" मैं कुछ कहता इससे पहले ही विष्णु विश्वास बोल उठे–"बदरी महाराज ऐसे आदमी हैं कि अगर आप उनसे मिलोगे तो आपको लगेगा कि उन्होंने आपके सामने अपना हृदय खोलकर रख दिया है। बस!" मैं फिर क्या कहता।

ओम नागर बोले–"मैं भी चलूँगा।"

"अच्छी बात है।"

घर पहुँचे, थोड़ी देर में सत्तू भी आ गया। उसे बता दिया था कि हम यहाँ आ गए हैं। दो मोटर साइकिलें, पाँच आदमी, एक पर सूरया और मैं और दूसरी पर सत्तू, ओम नागर और विष्णु विश्वास।

खाड़ी के किनारे है बदरी महाराज की बाड़ी। बदरी महाराज से मुलाक़ात गुज़रे ज़माने के व्यसन प्रसंगों के दौरान हुई थी। उनके बारे में कहना हो तो बहुत ज़्यादा कुछ नहीं है। इस युग में शुद्ध, खरे, प्योर मनुष्य मिलना ही दुर्लभ है। ऐसे ही लोगों में मात्र सहजता, सरलता, सद्भाव और मृदुलता बसती है। निष्कपट, जिसकी झलक पाने के लिए हम तरसते हैं। बदरी महाराज कोई नामी साधु-संत, मुनि, तपस्वी, भक्त, सेठ, धनाढ्य, ज्ञानी बुद्धिजीवी, बहुत बड़े राजनेता, हाकिम अहलकार या ओहददार नहीं हैं, एक साधारण इनसान हैं। जिसमें स्टार्च, कलफ, मांड की कड़क न हो, सिर्फ़ सादा और मुलायम सूती कपड़े जैसी जिसकी शख़्सियत हो। बस वही समझ लीजिए बदरी महाराज को। शायद यही सब था जो खींचकर ले जा रहा था। वरना अपने जैसे नुगरों को किससे मिलने की पड़ी है।

पहले भी एक या ज़्यादा बार आना हुआ था यहाँ। कुटिया तो वही पुरानी ही है। आगे हनुमान जी की छोटी-सी छतरी बन गई है। महाराज पीछे घर में थे। सत्तू ने आवाज़ लगाई, महाराज निकलकर आए उन्होंने घुटनों तक साफ़ी (गमछा), बंडी, कानों पर कपड़ा लपेट रखा था। शरीर थोड़ा आगे झुक गया है, अवस्था अपना काम करती है। चैतन्य महाप्रभु की मुद्रा में दूर से ही दोनों हाथ उठाकर ओ....हो करते रहे कुछ देर...अहो भाव से। फिर कुछ देर परस्पर झुककर चरण स्पर्श करने की

कशमकश रही, वे बड़ी मुश्किल से ऊपर बैठे। मुझे तख्ते पर बिठाकर स्वयं नीचे जमीन पर बैठना चाहते थे। हो...हो! हरे...! सराहना, विस्मय और अहोभाव, धन्यभाग भाव से भरा दीर्घ स्वास लिया। उनका भरे गले वाला करुण स्वर...बैठे रहने, बातें करने के आधे घंटे पैंतीस मिनट के दौरान कई बार फूटा। बातें भी क्या थीं, भरे मनों से कितने स्वर फूटते हैं? हम भरे क्यों थे। हम जानते न थे, जानते होते तो कहते। रीतने के लिए ही नयन झरते थे कभी-कभी। महाराज ने कहा–"मेरी कब से साध थी मिलने की, भले ही राजू से पूछना, कितनी बार कहा–एक बार मिला दे रे राजू, आज पूरी हुई। जीते जी वैकुंठवास का अनुभव करता हूँ। बस एक साध अधूरी थी, जो आज पूरी हो गई।" लिखते-लिखते, उस प्रसंग को पुनर्स्मरण करके मन भर आया है। उस समय क्या बीत रही थी, कल्पना कर सकते हैं।

मैंने पुराने साथी गंगाराम भील के बारे में पूछा, जो मंडी में हम्माली करता था। बदरी महाराज एक बार फिर हो...हो करके विलाप कर उठे। "आपने किसे याद किया बाबू जी! वो तो बहुत साधारण आदमी था। गंगाराम भील, हम्माल। वो अब नहीं रहा।" उन्होंने गमछे से आँखें पोंछते हुए कहा। सुनकर मुझे भी सदमा लगा। गंगाराम–साँवला, दुबला, ठिगने कद का, आधी उम्र का मज़बूत आदमी था। हम्माली करता था मंडी में। घुटने तक धोती, क़मीज़ या कभी उघाड़े बदन ही रहता। कंधे पर साफ़ी (गमछा) लिए, जब भी मिलता अपने कंधे से साफ़ी उतारकर हमारे बैठने की जगह साफ़ करता और कहता–'आप यहाँ बैठो।' ऐसा शांत, शील, सौजन्य, स्वभाव, दूसरा मिलना मुश्किल है। कोई याद नहीं आता उसके जैसा। वह संत होकर श्रम करता था, एक बार पता नहीं किस सिलसिले में कहीं जाने का प्रसंग हुआ, सवारी के सुभीते का सवाल उठने पर गंगाराम जी ने कहा–"आप मेरे कंधे पर बैठो। मैं ले चलूँगा आपको।" बाल्यकाल में अपने पिता या बाबा के कंधे पर बैठे होंगे। याद नहीं आता उसके बाद, किसी ने बिठाया या कहा हो कंधे पर बैठने के लिए। कोई हाथ तक नहीं धरने देता। विजय बाबू साक्षी हैं उस अवसर के जब गंगाराम जी ने कंधे पर बैठने का प्रस्ताव दिया था। अब भी कभी मिलते हैं और सुयोग से कोई ऐसा प्रसंग बनता है सौजन्य का, तो विजय बाबू गंगाराम जी की मुद्रा बनाकर अपने कंधे पर हाथ धरकर कहते हैं–"आप म्हारा कांधा पे बैठो।" हम उसे, अपने परम स्नेही गंगाराम को यदि अंतिम समय कंधा दे पाते तो कृतार्थ होते, पर हमारे भाग्य में यह भी नहीं था। कैसे भूल पाएँगे गंगाराम जी को और उनके अपने कंधे पर बिठाने के आग्रह को। जब तक किन्हीं कंधों पर चढ़कर इस संसार

से न चले जाएँ। गंगाराम जी को याद करके, बदरी महाराज का जो करुण विलाप था वह अंदर तक भिगो देने वाला था। बदरी महाराज का आग्रह था कभी अधिक समय के लिए आएँ तो दाल-बाटी यहीं बने।

"आएँगे कभी ज़रूर", ऐसा कहकर हम बिछुड़े।

शादी में जाना था, कोटा भी लौटना था।

बदरी महाराज से इस मुलाक़ात के बाद, अभी कुछ दिन पहले राजू पंडित मिला, वो महाराज से मिलता रहता है। बता रहा था कि महाराज कह रहे थे–"मन नहीं भरा राजू, एक बार फिर से लाना।" देखिए अब कब जाना हो और मिलना हो महाराज से।

संसार ऐसे ही लोगों से तो सरस और मधुर है।

शादी में गाँव के कई मित्रों स्नेहियों शुभाकांक्षियों से मिलना-जुलना हुआ। अनूप ने भी खूब स्नेह सौजन्य दिखाया, आभार जताया। अच्छा लगा क्योंकि मन, महाराज से हुई मुलाक़ात से भीगा हुआ था।

लौटते समय राह में चर्चा चली।

ओम नागर ने कहा–"जो हुआ वह कहा नहीं जा सकता।"

दरअसल मैं भी ठीक वैसा-का-वैसा कहाँ कह पाया, जैसा घटित हुआ था!

23/11/16

❐

मोतीलाल मंदोरथाणा

1

कोटा के किशोरसागर तालाब की पाल पर नानादेवी मंदिर के पास, जहाँ से छत्रबिलास गार्डन में सीढ़ियाँ उतरती हैं, वहाँ एक तो अंकुरित अनाजों और कई तरह के प्राकृतिक जूस (आँवला, नीम, करेला, गिलोय, चुकन्दर, ग्वारपाठा, एलोवेरा आदि) बेचने वालों की दो टेबलें लगी रहती हैं। दूसरी उसी के पास एक और टेबल–देसी गाय के दूध, छाछ और लस्सी की भी लगने लगी है। एक दिन ग़फ़लत में पंचोली जी लस्सी पीकर हाथ धोने के लिए पानी के बजाय आँवले के जूस के केम्फर की टोंटी खोलने लगे थे, बड़ा परिहास रहा। वो एक अलग किस्सा है।

यहीं इन टेबलों के पास नीचे ज़मीन पर पहले तीन-चार भिक्षुक बैठे रहा करते थे, आजकल वे दिखाई नहीं देते। वे कहाँ गए? पता नहीं, कौन परवाह करता है। आम लोगों को ही कोई नहीं पूछता कि वे कहाँ हैं? कैसे हैं? फिर ये बिचारे तो भिक्षुक थे, किसे पड़ी है।

मैं पिछले कई दिनों से वहाँ पीले वस्त्र पहने एक बूढ़े-से आदमी को बैठे देखता हूँ। देहाती तरीक़े से बाँधी हुई धोती, पीला कुरता, सिर पर रंग-बिरंगी मारवाड़ी ढंग की पगड़ी, ऐसी पगड़ियाँ आजकल बाज़ार में बँधी-बँधाई रेडीमेड मिल जाती हैं। उसके पास आम ढोलक की साइज से थोड़ी छोटी और डमरू से थोड़ी बड़ी एक मँझोली ढोलक रहती है, प्लास्टिक से गढ़ी इस ढोलकी को वह बग़ल में दबाए रखता है। जब वह न समझ आने वाला कोई शब्द उच्चारित करता है, तो बीच-बीच में इस पर एक-दो थाप मार देता है। एक अजीब बेसुरा ढब-ढब-सा स्वर निकलता है। यहाँ से गुज़रने वालों से संबोधित होने का उसका यह अंदाज़-याचना कम और अभिवादन, सलाम करने जैसा ज़्यादा लगता है। ठिगने, साँवले से उस बूढ़े के चेहरे पर अमूमन भिखारियों के चेहरे पर दिखने

वाली मक्कारी भरी बनावटी दीनता नहीं दिखती। जब मैंने उसे पहली नज़र देखा तो, इसी ख़याल से अंदाज़ा लगाया कि यह कोई पेशेवर भिखारी नहीं है, इसने यह पीला कुरता और पगड़ी कहीं से कबाड़ ली है, और ढोलक भी कहीं से जुगाड़ लाया है। मुझे उसमें एक बेपरवाही और अलमस्ती की झलक भी उस समय दिखी। अब याद करने की कोशिश करता हूँ तो लगता है मैंने उस वक़्त कोई ज़्यादा गौर नहीं किया था, यूँ ही अंदाज़ा लगा लिया था। बस! चलते-चलते...। अचेतन या अर्धचेतन में कहीं टँक गया था, वह चेहरा। वहाँ से गुज़रते वक़्त शायद उसने मुझसे 'जय सियाराम' या ऐसा ही कुछ कहा था।

भिक्षुकों को दान देने के मामले में मेरा स्वभाव-व्यवहार, कोई उदारवादी नहीं कहा जा सकता। मैं और मेरे जैसे लोग सोचते हैं–"अगर ऐसे हर जगह, हर समय भिक्षुकों को दान देते रहेंगे तो एक दिन हम ख़ुद भिक्षुक हो जाएँगे। लेकिन क्या हम इस बात को यूँ भी कह सकते हैं, कि हम आज तक इसीलिए भिक्षुक नहीं हुए या अब तक भिक्षुक होने से इसीलिए बचे हुए हैं क्योंकि हम भिक्षुकों को दान देने के मामले में कृपण हैं। हमारे पास जो धन बचा हुआ है वह भिक्षुकों को दान न देने की वजह से ही तो बचा हुआ नहीं है? तो क्या हम भिक्षुकों का बहुत सारा धन दबाए बैठे हैं?"

बाद के दिनों में घूमने जाते वक़्त या वहाँ से गुज़रते हुए, कभी नज़र गई भी होगी तो रुकी नहीं उसपर, या यूँ कहें ध्यान नहीं गया और वक़्त गुज़रता रहा...।

2

किसी एक दिन, अतिशय क्षेत्र में स्थित छरेल के पेड़ के नीचे, खिल्ली संप्रदाय के कई स्वयंभू सदस्य एकत्रित थे। सर्वसम्मति से फीकी चाय पीकर ठहाके लगाने वाले ख़ारिज बुड्ढे और रिटायर्ड लोग दुनिया-भर के न जाने किन-किन विषय-विकारों की चर्चा-विमर्श में तल्लीन थे सभी, कि वह दिखा, ठिगना कद, दुबला शरीर। मेहनत, धूप और उम्र तीनों का मिलाजुला प्रभाव उसके गोल छोटे साँवले चेहरे पर अपने प्राकृतिक स्वरूप में मौजूद था, कठोर और श्रमशील जीवन के अनुभवों के जीवंत साक्ष्य की तरह। वही पीला बाना, रंगीन पगड़ी, प्लास्टिक से मढ़ी मँझोली साइज की ढोलकी की जगह अब उसने मंजीरे ले लिए थे। हमें बैठा देखकर वह बेबाक, बिंदास हमारे पास आ गया। दोनों हाथों से रुन-झुन छोटे मंजीरे बजा-बजाकर गाने लगा, अपने स्वनिर्मित राग और अपने ही स्वदेशी लहजे में।

"छोटी-छोटी गैया, छोटे-छोटे ग्वाल। छोटो सो मेरो मदन गोपाल...छोटी-छोटी गैया, छोटे-छोटे ग्वाल, छोटो सो मेरो मदन गोपाल।।" गैया, ग्वालों और मदन गोपाल के रहने-खाने, चलने-फिरने या और भी कुछ करने के, जितने अंतरे वह गा सकता था, गाता रहा। हर बार श्रेष्ठतम मदन गोपाल के निमित्त ही होता था। जिस तरह हम बिना कुछ कहे नज़रअंदाज़ करने वाली अपनी ढीठता का धैर्य साधे डटे थे, उसके मुक़ाबले वह उसी बेपरवाही से जारी था। उसके चेहरे पर अभी भी कोई मक्कारी या दीनता नहीं थी सिर्फ़ एक बेपरवाही, एक अलमस्ती। उसके अंदर, अगर कभी कोई लड़ाई रही भी होगी तो वह उसे जीत चुका था। वो, हमें उस मुक़ाम पर ले आया कि हम उससे बात करने को मज़बूर हो उठे, अपना सम्मान बचाने के लिए उसे किंचित मदद देने का बहाना लेने को भी तत्पर थे। उसके स्वाभिमान और सम्मान को समादृत करते हुए हमने जाना कि उसका नाम मोतीलाल है। उसने गाँव का नाम बताया–'मंदोरथाणा।' मंदोरथाणा अपभ्रंश है। सही नाम है–मनोहरथाना। राजस्थान के झालावाड़ जिले का सुदूर देहात-ठेठ मध्य-प्रदेश की सीमा पर बीनागंज-चांचोड़ा से लगता हुआ तहसील मुख्यालय वाला पुराना गाँव मनोहरथाना। सरकारी नौकरी में मेरी पहली तैनाती मनोहरथाना ही हुई थी, उसके बाद एक बार और रही। दो नदियों से घिरे गाँव में एक पुराना किला है, छोटा बाज़ार है वहाँ की रिहाइश की बहुत सारी यादें हैं। कभी सुयोग हुआ तो उसकी चर्चा अलग से करेंगे। लेखक-पत्रकार मित्र पुरुषोत्तम जी पंचोली का पैतृक गाँव भी मनोहरथाना ही है। उन्होंने अपनी संस्मरणों की किताब 'करोगे याद तो...।' में वहाँ की यादों को बहुत ख़ूबसूरती से उकेरा है। अपने गाँव का जन जानकर उनके मन में उछाह और उसमें रुचि जागना समझ में आता है। जब मैंने मोतीलाल से पूछा–"ख़ास मंदोरथाणे?" उसने एक छोटी जगह का नाम बताया। स्मृति की कोथली में से मैंने एक नाम निकाला–'सेमलीहाट?' उसकी आँखों में चमक तैर गई बोला–"वोई तो म्हांको ख़ास मजरो है। भाटा ई भाटा है, गार कम है। पाणी नीं है।" (वही तो हमारा मुख्य गाँव है। पत्थर-ही-पत्थर हैं, मिट्टी कम है। पानी नहीं है।) मैं जानता था वह सही कह रहा है। शहर के लोगों को कई बार, बातचीत में बह रही करुणा की क्षीण अंतर्धारा का पता नहीं चलता, लेकिन जो अनुभवी हैं वो जान जाते हैं। वह बता रहा था–"गाँव में परिवार है, भाईबंद हैं, जात-बिरादरी के लोग हैं। ग़रीबी है, कलह है, अपराध है। लड़ाइयाँ हैं, लड़ाइयों की कई वजहें हैं। कोई एक-दूसरे को नहीं सुहाता वे आपस में किसी का ठीक से रहना-बसना बरदाश्त नहीं कर सकते। औरतें और लड़कियाँ तो एक और वजह है ही। उसने जो-जो बताया मेरी सोच उसी के आस-पास चल रही थी। ज़िंदगी का

संघर्ष और ज़िंदगी की लड़ाई ही उसे यहाँ लेकर आई थी। उसकी हक़ीक़त क्या थी, हम जानते न थे। पर इतना ज़ाहिर था कि वह ज़िंदगी की लड़ाई लड़ते-लड़ते यहाँ आया था। वह प्रोफेशनल भिक्षुक नहीं था।

मेरी तैनाती बाँसवाड़ा आदिवासी इलाके में भी रही है, वहाँ भी भील जाति के लोग रहते हैं। भीलों को मज़दूरी करते देखा है, कई बार सपरिवार इधर भी आ जाते हैं। भील 'मामा' कहलाते हैं लेकिन भीख माँगते कभी नहीं देखा। वे अपने परिश्रम और पुरुषार्थ के लिए जाने जाते हैं। मोतीलाल मंदोरथाणे वाला भी भिक्षुक नहीं है, उसने बानक भले ही ऐसा बनाया हुआ हो पर वह अपने सामर्थ्यानुसार अपने-आप को बचाए रखने का संघर्ष कर रहा है। वह जो भी कर रहा है, अच्छा है या बुरा यह एक बौद्धिक सवाल हो सकता है। जो ये कहें कि-"वह अच्छा कर रहा है" तो उनसे सहमत होने में मुझे कुछ समय लग सकता है। संदेह भी है कि पूरी तरह सहमत हो सकूँ। और जो ये कहें कि-"नहीं, वह सही नहीं कर रहा।" तो क्या उनसे यह सवाल नहीं पूछा जाना चाहिए कि अगर वह गलत कर रहा है तो इसके लिए कौन ज़िम्मेदार है? और इस ज़िम्मेदारी को तय करने वाले सवाल को पूछने की ज़िम्मेदारी किसकी है? क्या किसी भी ज़िम्मेदार या समझदार नागरिक की? किसी राजनेता, जन-प्रतिनिधि, अफ़सर की या किसी लेखक-बुद्धिजीवी की? अगर हम यह सब सोच-विचार रहे होते, ज़िम्मेदारी तय कर रहे होते तो रोना ही किस बात का था? मगर हम तो खोए हुए थे, मोतीलाल के रुन-झुन मंजीरों की आवाज़ के साथ गाए जा रहे भजन में-"घास खाएँ गैया, रोटी खाएँ ग्वाल और माखन मिसरी खाबे मेरो मदन गोपाल।" पंचोली जी ने तब भी उसे वाजिब इनाम देकर नवाज़ा था।

तब यह पता न था कि आगे फिर कभी उससे मुलाक़ात होगी और उसकी इससे भी ज़्यादा नवाज़िश होगी।

वक़्त गुज़रता रहा।

3

जैसा मैंने पहले कहा, पंचोली जी ने कोटा आने से पहले अपने गाँव मनोहरथाना में गुजारे हुए दिनों की यादों को सँजोते हुए वहाँ के कुछ रोचक, ज़िंदादिल लोगों के किरदारों को उकेरकर एक किताब लिखी है-'करोगे याद तो...' संस्मरणों की इस पुस्तक का लोकार्पण उनतीस फरवरी को तय होने वाला था। पता चला उनतीस

को तो शशि प्रकाश जी यहाँ नहीं होंगे, झालावाड़ रहेंगे। फिर एक मार्च का तय हुआ लेकिन एक को तो अपूर्व कुमार जी का शेरगढ़ जाना प्रस्तावित है। तो...? पंचोली जी ने अपूर्व कुमार जी से विचार-विमर्श किया, जिससे अपूर्व कुमार जी ने शेरगढ़ जाने का कार्यक्रम खिसकाकर दो तारीख़ का कर दिया, फिलहाल एक मार्च को किताब का लोकार्पण तय हो गया। मुख्य अतिथि कौन होंगे? पंचोली जी ने घोषणा की–लोकार्पण के कार्यक्रम में वयोवृद्ध पत्रकार "तथ्य भारती" पत्रिका के संपादक दीनानाथ जी दुबे का सम्मान होगा। वक्ता केवल दो होंगे, जिनकी टिप्पणियाँ पुस्तक के फ्लैप पर अंकित हैं–शशि प्रकाश जी और बन्दा नाचीज। संचालन करेंगे, कवि-व्यंग्यकार अतुल चतुर्वेदी, अध्यक्ष वरिष्ठ कवि बृजेन्द्र जी कौशिक और मुख्य अतिथि होंगे मोतीलाल जी मंदोरथाणा।

जो पंचोली जी को जानते हैं, उन्हें कोई अचरज नहीं हुआ। पंचोली जी कुछ अनूठा और चौंकाने वाला करने के लिए जाने जाते हैं। बाक़ी से लेना-देना भी क्या है। मोतीलाल जी को पहले ही बता दिया गया कि उन्हें उस दिन शाम चार बजे आर्ट गैलरी में आना है। और तो क्या बताते, फिर भी बताया–सम्मान स्वरूप आपको भेंट, और एक जोड़ी नए वस्त्र दिए जाएँगे।

4

तालाब की पाल पर स्थित तेजाजी के मदिंर के सामने जहाँ चाय की एक दुकान है, किशोरसागर वहीं छरेल के पेड़ की छाया में हैं–'छरेलिया अतिशय क्षेत्र' यहीं जमती है खिल्ली सम्प्रदाय के संतों की संगत, यहीं से जो ढलान वाली सड़क म्यूजियम की तरफ़ जाती है, उस पर कुछ कदम की दूरी पर ही तो है–आर्ट गैलरी।

तय तारीख़ को मोतीलाल जी वक़्त से पहले ही आ गए। बैठे थे एक कुर्सी पर, एक तरफ़ निस्पृह भाव से। कार्यक्रम में आने वाले आगंतुकों के मन में ज़रूर सहज कौतुक रहा होगा, उनके आने के प्रति। इसके सिवा और तो क्या आकर्षण हो सकता था, सद्भावी आमंत्रितों के लिए मोतीलाल जी में। मोतीलाल जी मुख्य अतिथि होंगे यह तो कोई सोच भी नहीं सकता था। हमारे सिवा किसी को पता भी नहीं था। काग़ज़ी कार्ड तो छपे ही न थे, जिनको बताना था सोशल मीडिया और फ़ोन से बता दिया गया था। लोग आते जा रहे थे, धीरे धीरे।

कार्यक्रम शुरू हुआ। सभा में लगभग सभी स्नेहभाव से पधारे हुए श्रोता थे। नगर के शिक्षक, पत्रकारिता, साहित्य के प्रबुद्ध लोग आदि।

स्वागत...! परिचय, लोकार्पण और सम्मान ये सभी था। अतुल, कार्यक्रम का संचालन कर रहे थे। क्रमशः वक्ताओं को नाम लेकर बुला रहे थे। मोतीलाल जी डायस पर अतिथियों के बीच बुत की तरह बैठे थे, मेरी कुर्सी उनकी बग़ल में ही थी। मोतीलाल जी ने बँधी-बँधाई रेडीमेड पगड़ी की बजाय साफ़े जैसा रंगीन कपड़ा सिर पर लपेटा हुआ था। पूरी बाँह की सफेद क़मीज़ (हो सकता है उसके नीचे भी कुछ हो जिसे मैं नहीं देख पाता था) उस पर एक ढीली-पीली और चमकीली आधी आस्तीन की क़मीज़, ऊपर जाकिट, ऊँची धोती थी। उनका काला पका हुआ रंग, अबोध आँखें। शांत चेहरा निस्पृह लग रहा था।

अभी मोतीलाल जी का क्रम नहीं आया था बोलने का, किसी ने पुकारा भी नहीं था, उनका नाम। किसी ने कहा भी नहीं उनसे बोलने के लिए, किसी ने भूमिका नहीं बनाई कि वे बोलेंगे? उन्हें बुलवाया जाएगा या नहीं! वे बोलेंगे या नहीं बोलेंगे। किसी को कुछ पता नहीं था। किसी को यह तक पता नहीं था कि अगर मोतीलाल जी बोलेंगे तो क्या बोलेंगे। कि अचानक एक नैसर्गिक अन्तराल में मोतीलाल जी हाथ जोड़कर उठ खड़े हुए। बिना किसी के कुछ कहे, बिना संयोजक के नाम पुकारे। वे बोलने लगे। सब उनके मुख की तरफ़ देखने-सुनने लगे। यह सब इतना सहज हुआ कि कोई कुछ बोल ही नहीं पाया। वे अपनी निर्दोष आवाज़ और मनोहरथाणे की बोली में बोलने लगे। किसी को कुछ समझ आ रहा था या नहीं, परखने का कोई पैमाना नहीं था। पूरी सभा-वक्ता मोतीलाल जी की तरफ़ देख रही थी। अचरज ये था कि किसी के चेहरे पर अचरज जैसा कोई भाव नहीं था। सब सहज थे।

मुझे राजस्थान की लगभग सभी बोलियाँ समझ में आती हैं। मनोहरथाने की बोली में कुछ-कुछ राजगढ़-गुना (म.प्र.) की बोली और कुछ-कुछ 'मालवी' का पुट रहता है। कुछ-कुछ बकानी की तरफ़ की-सौंधियावाड़ी। इस बोली की टोन मालवी से प्रभावित होने की वजह से 'मेवाड़ी' से भी मिलती-जुलती लगती है। कुल मिलाकर बात यह कि केवल स्टार्ट होने में कुछ थोड़ा-सा वक़्त लगा। फिर तो मोतीलाल जी का कहा मेरी समझ में आने लगा। वैसा-का-वैसा उसी भाषा, उसी लहजे में उसे कहना तो मेरे वश का नहीं है, फिर भी अगर मैं कोशिश करूँ तो बहुत कुछ वैसा प्रस्तुत कर सकता हूँ, उन्होंने जो कहा उसका वृत्तान्त यूँ था। ("आपण का भगवान है नी, आपणा सबका। आपण सब वांका भगत हाँ।") ये सभी साधू संत बी भगवान का भगत है। एक बार भगवान ए कही-कै कळजुग में आपणा नरा भगत होरया। ये सब साधू संत आपणा भगत बणै। तो एकबार अणां

की तोल पाड़णी चहिए, जाँच करणी चहिए, के अणामें कुण झूंठा है अर कुण सांचा है। जदी भगवान क्हयो कै, म्हारे तो पेट में दुखै, खूब ज़ोर से अर मूं तो मरयो। या कईनै भगवान आड़ा पड़ीग्या ने तरफ़ड़बा लागग्या। भगवान ए तरफ़ड़तो देखी नै सब घबराईग्या अर बोल्या के–"अबे कई करां, अपणो भगवान मर रयो। आपां के भगवान ए मरबा नीं देणो है। भलेई कई बी हो जावे। कई बी चीज़ चावे तो वा लाईने दांगा। जीसे भगवान नीं मरे। आपके कई चाह रयो भगवान? आप म्हां ए बताआ, म्हाँ वाई चीज़, वाई दवाई आपके वास्ते ज़रूर लावाँगा।" भगवान बोल्या के–"भगतांओ, संताओं म्हारे तो मनख को काळज्यो चाह रयो, जे मनख को काळज्यो मिले तो मूँ बच सकूँ। बस एक ई इलाज है, आदमी को काळज्यो। कोई लाई ने दे सके आदमी को काळज्यो तो मूँ बच सकूँ, नीं तो मूँ मर रयो।" सब भगताएँ सन्ताएँ क्ही–"के भगवान आप मरो मत। म्हाँ आप ए मरबा नीं दाँ। आदमी को काळज्यो जहाँ मिलेगो म्हा लावांगा।" या कही ने सब भगत, सब संत भाग्या। के आदमी को काळज्यो कहाँ मिले। आखी दुनिया में अठी से उठी भागम-दौड़ माचगी, धूळो उडबा लागग्यो। अतना में एक जगाँ कबीर जी बेठ्या हा। अपणो काम कर रया था, हाथ में राँपी। ऊणाँ देखी के भगदड़ माच री, सब अठी से उठी भाग रया। ऊणां अपणै हाथ की राँपी को काम रोकीने पूछी, 'के कई होयो–सन्ताओं-भगताओं, थां क्यूं भाग्या-भाग्या फिर रया। थांकै कई चाह रयो।' संताएँ कही के–'भगवान मर रयो अर आदमी को काळज्यो चाह रयो, आदमी को काळज्यो मिले तो भगवान बच सके। आदमी को काळज्यो नीं मिल रयो।' कबीर जी ने क्ही कै–'सन्ताओं, भगताओं थाँ फिकर मत करो, मूँ थांका भगवान ए मरबा नीं दूं। थांके आदमी को काळज्यो चाह रयो नीं? अबार दूं थांने काळज्यो आदमी को।' या कही ने कबीर जी ए हाथ की राँपी से छाती चीरी अर अपणो काळज्यो निकाल के नी दे द्यो। कही के–'सन्ताओं-भगताओं यो लो मनख को काळज्यो अबे थांको भगवान नीं मरेगा।' सबके ख़ुशी आईगी। सब ऊ काळज्या ने लेकेनी भाग्या-भाग्या भगवान के पास आया। कई के–'यो लो भगवान मनख को काळज्यो, अबे थाँकै मरबा की जरूरत नीं है।' भगवान ए काळज्यो यूं लई ने, एकाड़ी फैंकदयो अर बोल्या–'यो कुणको काळज्यो है?' सबै कही के–'यो कबीर जी को काळज्यो है। म्हां ए ओराँ को कोई को काळज्यो नीं मिल्यो।' भगवान बोल्यो–'थें संदा भाग्या-भाग्या फिर रया था अठी-उठी, जो थांके पास नीं थो कई काळज्यो? थाँ भी तो दे सके था, थाँको काळज्यो काढकै। थाँ सब झूठा हो।' या कई ने वणा सब्यांए भगा द्या दूरा। ऊ कबीर जी को काळज्यो थो नी ऊ केळ को

पेड़ बणग्यो। अबार आपण कथा करा जदी लगावाँ नी केळ का पत्ता। ऊ कबीर को काळज्यो ई है।")

●●●

(अपने भगवान हैं न, अपने सबके। अपुन सब उनके भक्त हैं। ये सभी साधू-संत भी भगवान के भक्त हैं। एक बार भगवान ने कहा कि कलयुग में अपने ख़ूब भक्त हो गए हैं। ये सब साधु-संत अपने भक्त बनते हैं, तो एक बार इनका पता तो लगाना चाहिए, जाँच करनी चाहिए कि इनमें कौन झूठा है और कौन सच्चा! तब भगवान ने कहा कि–'मेरे तो पेट में दर्द हो रहा है, ख़ूब ज़ोर से, मैं तो मरा।' ये कहकर भगवान ज़मीं पर गिर गए और तड़पने लगे। भगवान को तड़पता देखकर सब घबरा गए और आपस में बोले कि–'अब क्या करें? अपने भगवान मर रहे हैं। अपने को भगवान को मरने नहीं देना है, भले कुछ भी हो जाए। जो भी चीज़ चाहिए वो लाकर देंगे, जिससे भगवान न मरे ये सोच कर वे भगवान से बोले–'आपको क्या चाहिए भगवान? आप हमें बताइए हम वही वस्तु, औषधि, दवाई आपके वास्ते ज़रूर लेकर आएँगे।' भगवान बोले कि–'भक्तों-संतों मुझे तो मनुष्य का कलेजा चाहिए। अगर आदमी का कलेजा मिले तो मैं बच सकता हूँ, बस एक ही इलाज है–आदमी का कलेजा। कोई लाकर दे तो मैं बच सकता हूँ, नहीं तो मैं तो मरा।' सब भक्तों और संतों ने कहा कि–'भगवान आप मरो मत, हम आपको मरने नहीं देंगे। आदमी का कलेजा जहाँ भी मिलेगा हम लेकर आएँगे।' ऐसा कहकर सारे भक्त, सारे संत भागे। कि आदमी का कलेजा कहाँ मिलेगा। सारी दुनिया में इधर-से-उधर भागम-दौड़ मच गई, धूल उड़ने लगी, इतने में एक जगह कबीर जी बैठे थे वे अपना काम कर रहे थे। हाथ में राँपी थी। उन्होंने देखा कि भगदड़ मच रही है सब इधर-से-उधर भाग रहे हैं तो उन्होंने अपने हाथ की राँपी का काम रोककर पूछा कि–'क्या हुआ संतों, भक्तों, तुम लोग क्यूँ भागे-भागे फिर रहे हो इधर-से-उधर, आप लोगों को क्या चाहिए।' संतों-भक्तों ने कहा कि–'भगवान मर रहा है, और आदमी का कलेजा चाहिए। आदमी का कलेजा मिले तो भगवान बच सकते हैं। आदमी का कलेजा नहीं मिल रहा।' कबीर जी ने कहा कि–'संतों-भक्तों! तुम फिकर मत करो मैं तुम्हारे भगवान को मरने नहीं दूँगा, तुम्हें आदमी का कलेजा चाहिए न? तो अभी देता हूँ मैं तुम्हें आदमी का कलेजा।' यह कहकर कबीर जी ने हाथ की राँपी से छाती चीरी और अपना कलेजा निकालकर दे दिया और कहा कि–"संतों-भक्तों! ये लो आदमी का कलेजा, अब तुम्हारा भगवान नहीं मरेगा।'

सबके चेहरे पर ख़ुशी आ गई, सब उस कलेजे को लेकर भागे-भागे भगवान के पास आए और कहा कि–'ये लीजिये भगवान आदमी का कलेजा। अब आपको मरने की ज़रूरत नहीं है।' भगवान ने कलेजा लेकर यूँ करके, एक तरफ़ फेंक दिया और बोले–'ये किसका कलेजा है?' सबने कहा कि–'ये कबीर जी का कलेजा है। हमें और किसी का कलेजा नहीं मिला।' भगवान बोले–'तुम सब भागे-भागे फिर रहे थे इधर-से-उधर, क्या तुम्हारा कलेजा तुम्हारे पास नहीं था। तुम अपना कलेजा भी तो निकालकर दे सकते थे। तुम सब झूठे हो।' यह कहकर भगवान ने उन सब को अपने से दूर भगा दिया। कबीर जी का जो कलेजा था, वो केले का पेड़ बन गया। अभी हम जब कभी कथा-पूजा करते हैं तो जो केले के पत्ते लगाते हैं वह कबीर जी का कलेजा ही है।)

●●●

सभा स्तब्ध थी। सब सुन रहे थे, समझ में आ रहा था या नहीं ये पता नहीं। लेकिन किसी में उन्हें रोकने या टोकने का साहस नहीं था मानो। एक बार बीच में पंचोली जी ने टोकने की कोशिश की मगर नाकामयाब रहे। बाद में पंचोली जी बता रहे थे मुझे तो डर लग रहा था कि कहीं मोतीलाल जी मंजीरे निकाल कर बजाने न लग जाएँ। शायद इसी डर से उन्होंने एक बार फिर विनम्र दुस्साहस किया। "बस-बस, मोतीलाल जी बस!" मोतीलाल जी ने निरीह भाव से गरदन घुमाकर इधर-उधर देखा, कहीं कुछ नहीं था सबकुछ स्तब्ध, शांत। जितने आकस्मिक तरीक़े से मोतीलाल जी उठे थे और जितने मौलिक एवं निर्दोष भाव से वे बोल रहे थे, उतने ही प्राकृतिक और सहज तरीक़े से वे चुपचाप बैठ गए। सभा के शेष कार्यक्रम यथावत सम्पन्न हुए। मोतीलाल जी जिस सहज नैसर्गिक तरीक़े से प्रकटे थे उसी तरीक़े से अन्तर्धान हो गए। पीछे रह गई विस्मय और कोतूहल से भरी चर्चाएँ, जो हम सब कथित औपचारिक बुद्धिजीवी कर रहे थे।

मेरे मन में चल रहा था कि मोतीलाल जी से तो हमारा कोई पूर्व परिचय नहीं था। वे अकस्मात् हमें आकाशीय वृत्ति करते हुए किशोरसागर तालाब की पाल पर मिले। हो सकता है यह एक संयोग हो क्योंकि वे हमारी चेतना के अंश हुए। क्या मात्र परंपरा भंजक होने की अपनी छवि के निर्वाह के निमित्त पंचोली जी ने मोतीलाल जी को अपनी पुस्तक के लोकार्पण कार्यक्रम का मुख्य अतिथि बनाया? क्या यह भी संयोग ही था कि बिना संयोजक के नाम पुकारे बग़ैर किसी प्रस्तावना

या भूमिका के मोतीलाल जी उठ खड़े हुए और अबोध भाव से बोलने लगे? किसी ने रोका-टोका नहीं, सब चुपचाप सुनते रहे। फिर उसी तरह वे बैठ गए और कार्यक्रम से चले गए। मानो कुछ हुआ ही नहीं, कुछ गुज़रा ही नहीं या कुछ घटा ही नहीं। हो सकता है ये सब संयोग मात्र हो, जिसके लिए माथा लगाने की ज़रूरत नहीं। लेकिन यह बात आसानी से मेरा पीछा नहीं छोड़ती कि जहाँ हमारी नागरी बस्ती की सीमा समाप्त होती है। जहाँ से शुरू होता है देहात, शुद्ध ग्राम्य जीवन, देहात का कांकड़, उसके भी आगे भारत के उर अंतर में बसता है, जो समाज, वहाँ से आते हैं, उसका प्रतिनिधित्व करते हैं मोतीलाल जी। वृत्तान्त सुनते समय जिस बात से मैं विस्मित हुआ, वह थी–"क्या यह उस लोक की ही ताक़त है कि वह कबीर और रैदास की वृत्ति मिला दे।" उस समाज का चित्त-मन, जैसा भी है, जिस भी अवस्था-दुरावस्था, दशा-दुर्दशा में है, उसकी झलक हैं–मोतीलाल जी, उनका हमसे मिलना संयोग हो सकता है। सभा में उनकी मुख्य अतिथि के रूप में उपस्थिति भी संयोग हो सकती है, किन्तु जो वृत्तान्त, आख्यान उन्होंने बिना आह्वान बेबाक, धारा प्रवाह सुनाया उसे सहज ही बिना विचारे, बिना नोटिस किए नज़रअंदाज़ नहीं किया जा सकता। बेशक उसके अनेक अंतर्पाठ हो सकते हैं, अनेकार्थ निकाले जा सकते हैं। सभी को समादृत किया जाना चाहिए, यदि हम भारत के उर-अंतर में बसे समाज के मन-चित्त को समझना चाहते हैं, तो।

10/07/2018

❒

नाना भाँति नचायो...

वे दिन नहीं रहे, दिन रहते नहीं। समय की गति से आते हैं, चले जाते हैं। उन दिनों की कुछ छवियाँ, कुछ ध्वनियाँ, कोई गंध-स्मृति में अँक जाती है। बाद में कभी उन्हीं के सहारे उन दिनों का स्मरण, पुनर्स्मरण होता है।

स्मृति के कथानक में सबसे पहले जो एक चेहरा उभरता है वह है साइकिल के पहिये के आरों (स्पोक्स) के पीछे से झाँकता हुआ, दस-ग्यारह बरस की उमर का एक साँवला चेहरा सदर बाज़ार का रास्ता जो कोटा-बाराँ सड़क को क्रॉस करके रावण जी के डोल की तरफ़ चला जाता था, उसी पर मार्केटिंग सोसाइटी के सामने दाताराम जी की बाड़ी में बनी कच्ची दुकानों में से एक दुकान साइकिल सुधारने की थी।

भागाकली (भक्षकाली) मदिंर के पास एक, दो मंजिला मकान जिसके नीचे छबड़ा वालों की दो दुकानें—एक किराने की दूसरी मिठाइयों की। उस समय गुलाबजामुन एक आने में आ जाता था। इसी कच्चे-पक्के मकान की ऊपरी मंजिल पर रहते थे पंडित मोतीलाल शुक्ला जी। घोटने-छानने वाले जीव। तहसील में नौकरी थी, 'सैणा।' उन्ही सैणा मोतीलाल जी के बड़े लड़के बाबू शुक्ला की साइकिलें सुधारने की दुकान में बैठा, साइकिल के पहिये का बल निकालता या स्पोक्स टाइट करता, गोल घेरे में तारों के पीछे से दिखने वाला चेहरा पंडित जी के छोटे बेटे राजू का था।

राजू उर्फ़ राजू शुक्ला उर्फ़ राजू 'फाक्या।' फाक्या माने फेंकने वाला। उपनाम की तरह जुड़े ऐसे विशेषणों से समाज कब किसी को क्यों नवाजता है इसकी ढूँढ़ने पर कई वजहें मिल सकती हैं, लेकिन तारीख़ नहीं मिलती कि नामकरण किस दिन हुआ।

पढ़ाई-लिखाई से राजू का कोई ज़्यादा लगाव नहीं था। स्कूल कब छोड़ा पता नहीं, पर इतना पक्का है आठवीं उसने पास नहीं की। उस समय मेरी भी उम्र क्या रही होगी यही कोई...ज़्यादा-से-ज़्यादा चौदह साल।

यही चेहरा जब दुबारा उभरता है वह थोड़ा-सा बड़ा है, सजा हुआ, नाचते-गाते। बीच बाज़ार धोलों के मंदिर के नीचे रात को तिराहे पर होती थी–रासलीला। स्थानीय स्तर पर होने वाली गाँव की इस सार्वजनिक रासलीला में यूँ तो सभी का सहयोग रहता था लेकिन मंच पर सक्रिय दिखते थे उस्ताद बसन्ती लालजी, हरप्रसाद जी, जिलेदार जी, बाबू जी, विनोद जी। जिलेदार जी हारमोनियम बजाते-गाते थे। बाबू जी तबला बजाते और हरप्रसाद जी मंजीरे बजाते। कभी-कभी हरप्रसाद जी ऊँचे स्वर में टेक लगाते। राजू कृष्ण बनता था और मदन खत्री, जिसे मेसी कहते थे वह राधा बनता। दोनों साँवले थे लेकिन उनके चेहरे मुर्दासिंगी और भोडल के मेकप से उजले, दमकते रहते। ऊँचा टेढ़ा मुकुट, कानों में कुंडल, जरीवाला बागा, पटका, पीताम्बर, पावों में घने-घुँघरू। सांगोपांग श्रृंगार। तीखे नाक-नक्श वाला छरहरा किशोर राजू, एक टाँग दूसरी पर तिरछी टिकाए, एक हाथ बग़ल में राधा बने खड़े मेसी के कंधे पर धरे, दूसरे में मुरली लिए–बाँके बिहारी की मुद्रा बनाता तो देखने वाले इस जुगल जोड़ी पर बलिहार जाते।

कृष्ण बना राजू जब रसिया गाता...तो उसके सुर, लय, ताल का असर, उसकी छान्दिक संरचना...ये सब मिलकर एक अनूठा प्रभाव पैदा करते।

गज ने पुकारयो, तब गरुड़ बिसारयो, जाय ग्राह को संहारयो
सुनी प्रेम की पुकार।

बोली द्रोपदी बिचारी, चले आओ गिरिधारी, मोहे आस है तिहारी
और जाऊँ काके द्वार।

सुनी टेर, नहीं करी देर, मैंने तुरतहिं चीर बढ़ायो...बढ़ायो।।
भक्तन ने मोहि...नाना भाँती नचायो

लोकधुन में रचित इस रसिए पर चलत का ठेका बजता तो घुँघरू वाले पैर ठुमकते। साथ तालियाँ बजतीं, गर्दनें हिलतीं और जब ठेके का सम आता तो मानो सबकुछ ठहर जाता। साज-बाज, लोगों के हिलते सिर, होंठ और घुँघरू बँधे पैर। राजू सम पर दाहिने पैर के पंजे से ठुमका लगाता तो वह ठुमका मानो कलेजे पर लगता। एक ही नहीं पाँच अंतरे के इस गीत पर जब तान टेक पर आती हर बार यही होता। चार अंतरों में भगवान के भक्तों के निमित्त किए गए पराक्रम का बखान है–गज की पुकार उस पर ग्राह का संहार, द्रोपदी की विनय, दुशासन का मान-मर्दन, नरसी भगत का भात, प्रहलाद के कारण नरसिंह रूप धर हिरनाकश्यप का विदारण,

ध्रुव को अखंड पद, नामदेव की छप्पर छवाई, मोहिनी रूप धार देवन को अमृत की पिवाई, प्रतिज्ञा भंग होने की परवाह किए बिना रथ का पहिया उठाना, रणछोड़ भाग जाना, वामन रूप और अर्जुन के संग महाभारत में सारथि कहाना। हर अंतरे के बाद हर बार वही सबकुछ ठहर जाने वाला मुक़ाम जब आता तब एक समा-सा बँध जाता। क्लाइमेक्स, में जब राजू इस गीत का आख़िरी अन्तरा गाता...

मीरा को गोपाल, गिरधारी नंदलाल, कंसहु को काल
दास तुलसी को राम
लक्ष्मी को भरतार, चारों वेदन को सार, बन्यो नन्द को कुमार
सूरदास जी को श्याम
सोई वृषभानु किशोरी के चरनन को दास कहायो।।

मानो यह इस प्रसंग के क्लाइमेक्स का एंटीक्लाइमेक्स हो। अवतारवाद की अवधारणा से लेकर अब तक अनेक लोगों के मन में बसा अखिल ब्रह्मांड का स्वामी, ऐसे-ऐसे पराक्रम करने वाला नायक, भक्तों के लिए तरह-तरह के नाच-नाचता है। कैसा विस्मय है! किन्तु इतने पर ही संतुष्ट नहीं होता लोक मानस का चितेरा। जिसकी कीर्ति त्रिभुवन में है, उसी महानायक को वृषभान किशोरी के चरणों का दास बना देता है। पूरा माहौल, जन-मन, भाव विह्वल हो, भावातिरेक में डूब जाता।

●●●

कस्बा तो क्या, बड़ा गाँव ही कह लीजिए-अंता। राजस्थान के बाराँ जिले के इस गाँव की लड़कियों के सरकारी स्कूल की प्रधानाध्यापिका थीं-मनोरमा भटनागर बैंजी। शिक्षित और खुले विचारों का परिवार। उनके बेटे किट्टू के दोस्तों की मंडली-राकेश बिलोरा, ओम अद्लक्खा, अनूप श्रीवास्तव, जयपाल। इसी में शामिल था राजू भी। कैसे शामिल हुआ इस मित्र मंडली में, पता नहीं। दोस्तों की बैठक जमती, हमें झलक दिखती। राजू खुले ख़यालों वाले दोस्तों के बीच रहता। पढ़ाई-लिखाई से आज़ाद, बेपरवाह। आवारगी और जेब ख़र्च में आत्मनिर्भरता प्राप्त थी उसे। हमारे ऊपर अम्मा के अनुशासन का नियंत्रण था और घर में विपन्नता ही समझो, उससे हिरस होती। राजू अब साइकिलों के बजाय मोटरसाइकिलें सुधारने लगा था। दुकान भी, बाड़ी की कच्ची दुकानों से आगे बढ़कर चौराहे पर आ गई थी, पक्की हो गई। वहीं सत्तू की दुकान थी जिस पर राजू पान खाता था-उधार।

राजू 'बाश्शा' था, बातों का और उधार का भी। राजू की पैंट की पिछली जेब में धरे पर्स में, नोट भरे रहते। फिर भी राजू पान उधार खाता था। सत्तू कुछ कहता तो डायलॉग मारता फिल्मी-राजकुमार की स्टाइल में-"अंता छोड़कर थोड़े ही जा रहे हैं, बाबू।" वहाँ से हटने पर मैं कहता-"राजू दे क्यूँ नहीं देता पैसे इसके, हैं न तेरे पास।" वह कहता-"अभी अपन कोटा चल रहे हैं भाई साहब खाना खाने, कोटा में आर्य समाज रोड पर नया होटल खुला है-सूर्या।"

हल्का-हल्का याद आता है, अंता की पढ़ाई पूरी हो जाने के बाद जब बाराँ जाने-आने लगे पढ़ने तब रोज़ ट्रेन से अप-डाउन होती। उस दौरान राजू से मेल-मुलाक़ात बढ़ने लगी थी। हमारी मंडली में अशोक अद्लक्खा, गिरिराज मेठी, राधे सिंगोदिया, हुकुम जगमोहन सिंह, शिव जोशी वरुणेश, विजय बाबू, पुरुषोत्तम कलकल्या थे। कोई नाम छूट भी सकता है, भूल से। उन दिनों ही हमारा गंगा-जमुनी मिलन हुआ, वह हमारी मंडली में आ जुड़ा था। हाँ सलीम भाई भी याद आते हैं राजू उन्हें मूँछ कहता था। सलीम भाई के चेहरे पर सजी, नुकीली बलदार मूँछों की वजह से। कभी महफ़िल जमती, राजू तो गाता ही गाता, सलीम भाई भी गाते। ऊँचे सुर में "मेरा प्यार वो है कि मरकर भी तुमको, जुदा अपनी बाँहों से होने न देगा।" राजू अकसर दर्द भरे नगमें गाता-"वक़्त करता जो वफ़ा, आप हमारे होते। मर ही जाते जो न यादों के सहारे होते।" अथवा "याद में तेरी जाग-जागकर हम रातभर करवटें बदलते हैं, दिल में तेरी उल्फ़त के धीमे-धीमे चराग़ जलते हैं।" "हमसे का भूल हुई जो ये सज़ा हमको मिली।" येसुदास वाला-"का करूँ सजनी आए न बालम।" और मुकेश का-"सजनवा बैरी हो गये हमार।" मोहम्मद रफ़ी का-"ओ दुनिया के रखवाले सुन दर्द भरे मेरे नाले...।" किसी प्रोग्राम में मोहम्मद रफ़ी के गाए इस गीत को कई तरह से गाई वह लाइन-"महल उदास और गलियाँ सूनी, चुप-चुप हैं दीवारें, अब तो नीर बहा ले।" उसे बहुत पसंद थीं गाते वक़्त डूब जाता था। उन दिनों अनूप जलोटा भी सुने-गाए जाते थे-"मीरा हो गई मगन, वो तो गली...गली...गली...गली...हरी गुण गाने लगी।" राजू का गला इतना अच्छा न था लेकिन था वह सुरीला। वह जो भी गाता सुनने में अच्छा लगता। कितनी ही बार अखंड रामायण पाठ में बैठता, जितनी देर उसका मन रमता बस उतनी देर। सीताराम जी के 'अस्थल', 'बाला जी की बगीची' में उन दिनों अखंड रामायण का सिलसिला चलता रहता था। कब कैसे राजू से अंतरंगता बढ़ती गई, कि हमारा बहुत सारा वक़्त साथ गुज़रने लगा था।

हालात ने हमारा ठिकाना छुड़ाया। बाहर निकलना शुरू हो गया, पहले पढ़ाई और पीछे नौकरी। लेकिन बीच-बीच में जाना-आना लगा रहता। राजू वहीं रहा। कहाँ जाता! वहाँ जाते तो राजू की सोहबत। राजू ने अपने तरीक़े से कस्बे में अपनी जगह बना ली थी। सब लोग उसे जानते थे। उसके मित्र-कुछ दिन उसके मित्र रहते, फिर उधार माँगने वालों में शुमार हो जाते। राजू ने पैसे लेकर लौटाए हों, ऐसे लोग कम ही मिलेंगे। इसके बावजूद राजू की दिलचस्प बातें और जॉली नेचर था। लोग कुछ भी कहें लेकिन राजू की बैर या लड़ाई किसी से न थी। वे दिन, भाई साहब रघुवीर सिंह जी कौशल के जीवन की ज़मीनी सार्वजनिक सक्रियता के दिन थे। उनकी मोटर साइकिल का सारथी राजू ही होता था। वह जावा, भाई साहब जब अंता आते, भौज्याखेड़ी या किसी गाँव में जाते तो उनके लिए जाती, अन्यथा राजू के पास ही रहती। यूँ तो राजू मोटरसाइकिल का मेकेनिक था, उसके मोटरसाइकिलों की क्या कमी, फिर भी अकसर जब कभी हम कोटा जाते, उसी जावा से जाते। उन दिनों कई बार अंता से कोटा आए-गए। झकझकती दुपहरी और तेज़ लू वाले दिनों में भी, छाती के आगे अख़बार लगाकर ठंड से बचने वाली रातों में भी। कभी-कभी भीगती बरसातों के क्षण भी याद आते हैं। राजू की मोटरसाइकिल चलती नहीं उड़ती थी।

कहीं भी चलने से पहले राजू कपड़े बदलता, दुकान के कपड़े उतार, साफ़ धुले-धोबी से प्रेस किए हुए कपड़े पहनता। राजू का मिज़ाज शायराना था, उसकी सीरत में कई किरदारों की मिली-जुली रंगत थी। उसकी रहनगत में आवारगी राज कपूर जैसी थी। दिल दिलीप कुमार जैसा दर्द से भरा था। और डायलॉग बोलने का अंदाज़, फिल्मों के राजकुमार की तरह था—शाही। कोई नशा उससे अछूता न था। एक से ज़्यादा बार मित्रों ने उसे देर रात, किसी बंद दुकान के बाहर सड़क से उठाकर घर पहुँचाया। अनूप का दिल बहुत दुखता था, लेकिन वह सुनता ही कहाँ था। उसे परवाह नहीं थी किसी की, ख़ुद की भी नहीं।

●●●

बाबू जी के सौ बरस पूरे हुए तब मेरी तैनाती मनोहरथाना (झालावाड़-राजस्थान) थी। बारिश का मौसम, रास्ते बंद, कोई साधन नहीं। थाने के वायरलेस से ख़बर मिली। जैसे-तैसे, ट्रक-जीप जो मिला उससे अंता पहुँचे। क्रिया करके लोग श्मशान से लौटने की तैयारी में थे। जलती चिता को ही अंतिम प्रणाम किया, अस्थियाँ हरिद्वार ले जाने के लिए राजू से बेहतर हमसफ़र कौन हो सकता था। राजू के

घर के बाहर जाकर आवाज़ लगाई–"राजू!" राजू क़मीज़ पहनता बाहर आया और कहा–"चलिए भाई साहब।" यह नहीं पूछा, कहाँ!

बरसों से इस लाइन (दिल्ली-बम्बई) के आस-पास के गाँवों के पुरखों की अस्थियाँ गंगा तक ले जाने वाली पुण्यवती गाड़ी देहरादून एक्सप्रेस, कोटा से सीधी जाती है हरिद्वार। उन दिनों स्लीपर में जगह हासिल हो जाए तो ख़ुशनसीबी होती थी। मगर राजू साथ हो तो क्या कमी। जगह-ही-जगह है। राजू चलते से बात करने में माहिर था। हरिद्वार पहुँचकर राजू ने फ़ौरन से पेश्तर एक पंडे से टोटल कार्यवाही का ठेका करके शाम से पहले फ्री कर देने का तय किया। "हमसे किसी भी चीज़ की माँग मत करना–रूई-माचिस जो भी इंतज़ाम करना हो वो आप ही करना और वक़्त पर फ्री कर देना।" हमें रात वाली ट्रेन से लौटना था। वही हुआ। क्रिया-कर्म के बाद, कुछ खाने-वाने से निपटकर स्टेशन आए तब तक गाड़ी लग चुकी थी। स्लीपर के डिब्बे के पास टी.टी. दिखा। मैंने निकट जाकर सीट के लिए विनम्रता से पूछा, उसने बेरुखी से मना कर दिया। मेरी हिम्मत ही नहीं हुई आगे बात करने की। राजू थोड़ा पीछे था, वह मुझ तक आया तब तक टी.टी. आगे निकल गया था। राजू ने पूछा–"क्या हुआ भाई साहब?"

मैंने कहा–"नट गया, मना कर दिया। वह बोला सीट नहीं है।"

"आप यहीं रुको! मैं अभी आता हूँ।" वह उस टी.टी. के पीछे चला, जो थोड़ा आगे चला गया था। राजू ने उसके नज़दीक जाकर, पीछे से ही आवाज़ लगाई–"नमस्कार बोस!" वह पलटकर पीछे देखता इससे पहले राजू उसके सामने खड़ा था। फिर क्या बातें हुईं, मुझे सुनाई नहीं दीं। थोड़ी देर बाद राजू वहीं से चिल्लाया– "बैठिए, भाई साहब! उसी डिब्बे में चढ़िए। मैं भी आ रहा हूँ।" उसने शायद टी.टी. के साथ सिगरेट भी सुलगाई थी।

बात करने में वह, किसी से भी पीछे नहीं हटता था, कोई भी लाटसाहब हो। राजू कहता था, "अरे भाई साहब! है तो वह भी इनसान ही, अपनी तरह का। कोई खा थोड़े ही जाएगा। ज़्यादा-से-ज़्यादा मना करेगा और इससे ज़्यादा क्या कर सकता है।" बात उसकी सही थी पर सब से सधती कहाँ है!

उन दिनों अनूप और राजू पार्टनरशिप में ठेकेदारी करते थे। दफ़्तर वगैरह के हिसाब-किताब, काग़ज़ी खानापूर्ति, लेन-देन सब अनूप करता था। साइड की माथा-फोड़ी राजू के ज़िम्मे। कभी दफ़्तर में कोई पेच फँस जाता तो राजू अपने

हुनर से सुलझाता। दिवाली की छुट्टियों से पहले के एक दिन पहले ठेकेदारों के बिल पास हो गए, साहब के दस्तख़त भी हो गए। लेकिन बड़े साहब एडी.चीफ साहब के काउंटर साइन न हों, तो कैशियर पेमेंट लाए कैसे! बैंक तो कल-कल ही खुलना है, फिर बंद। अब दीवाली की छुट्टियों के बाद खुलेंगे। साहब ट्रेन से जयपुर जाने के लिए रवाना हो चुके। दूसरों ने क्या किया पता नहीं, लेकिन राजू तो बिल लेकर सीधा जा पहुँचा स्टेशन, उड़ता हुआ। मोटर साइकिल स्टेंड पर खड़ी की, दौड़ते हुए प्लेटफार्म पर पहुँचा...माधोपुर की तरफ़ जाने वाली ट्रेन रेंग रही थी, राजू हाँफता चलती ट्रेन में चढ़ गया। चलती ट्रेन में ही साहब के दस्तख़त करवाकर माधोपुर से लौटती ट्रेन से कोटा और उसी मोटरसाइकिल से वापिस दफ़तर। वर्क्स डिपार्टमेंट का दफ़तर देर तक खुलता ही है, ख़ासकर छुट्टियों से पहले पेमेंट के लिए। राजू कहता–"दुनिया में ऐसी कौन-सी बीमारी है भाई साहब जिसका इलाज नहीं है, करने वाला होना चाहिए।" नाउम्मीदी राजू की डिक्शनरी में नहीं थी, वह हिम्मत न हारने वाला इनसान था। हार जाए तो, हारने के बाद भी कोशिश करने वाला।

उन्हीं ठेकेदारी के दिनों की बात है, एक बार राजगढ़ की पुलिया के पास कोई काम मिला उन्हें। काम की शुरुआत करने से पहले मुहूर्त हो या उद्घाटन, जो भी कहिए, होना चाहिए। किससे कहें, किसे बुलाएँ। राजू ने हँसते हुए कहा–"आप ही चलो भाई साहब, हमारे तो आप ही हो...वी.आई.पी। आपसे बढ़कर कौन।" राजू, अनूप और मैं, तीनों एक मोटर साईकिल से, साइड पर पहुँचे। पुलिया के नीचे अगरबत्ती लगाई, फूल चढ़ाए, नारियल फोड़ा, हो गया मुहूर्त। पास में ही नदी थी। परवन। खुली सपाट चट्टानें और निर्मल बहता पानी, ख़ूब नहाए। वहीं आइडिया आया कि क्यों नहीं खाना यहीं बनाएँ लेकिन सामान-साधन तो है ही नहीं कुछ। ओहो! तो जंगल में चाहिए क्या? कुछ नहीं चाहिए। पत्थर है–सपाट चिकना, पानी है ही। जंगल है तो कंडे हैं। कुछ सामग्री और एक तपेली। आगे सड़क पर गाँव के पास कुछ दुकानें हैं वहाँ ज़मीन पर भी कुछ आदमी औरतें बैठकर सब्जियाँ वगैरह बेचते हैं। वहीं से लहसुन, प्याज, आटा, दाल लिया मसाले खड़े ही मिले, वे हीं डालकर दाल बनाई। चिकनी चट्टान पर आटा गूँध कर बाटियाँ बना लीं, सेक लीं-कंडे जलाकर। बाद में कई दिनों तक उस खड़े मसाले वाली दाल और बाटियों के स्वाद को याद करते रहे। आज भी वह स्वाद यादों में है, भूला नहीं है। अनूप गवाही है उस स्वाद का, राजू तो नहीं रहा।

●●●

होगी यही कोई सन् बानवे-तिरानवे की बात। सत्ताईस-अट्ठाईस बरस पहले की, उन दिनों मेरी नौकरी बाँसवाड़ा में थी। सरकारी आवास था पूर्वाभिमुख चौराहे पर। आगे सड़क, घाटोल की तरफ़ से आकर शहर की तरफ़ जाने वाली। उसी में से दो सड़कें फटतीं। एक कलक्टर के बँगले की तरफ़, दूसरी थोड़ी नीचे उतरती हुई कर्मचारियों के क्वॉटर्स की तरफ़ चली जाती। बाउंड्री में फाटक से घुसते ही दोनों तरफ़ दो आम के पेड़, किनारे जतन से लगाए हुए फूलों की क्यारियाँ, बीच की जगह में मुलायम दूब थी। दो सीढ़ियों के बाद ऊँची जगह थी प्रवेशद्वार उत्तराभिमुख, पहला एक कमरा, उसके बाद और एक छोटा कमरा, उसी में से अंदर जाने का रास्ता। पीछे गैलरी में एक तरफ़ किचन, दूसरी तरफ़ बाथरूम और उसी से लगी लेट्रीन, जिसका दरवाज़ा पीछे बाहर आँगन में था। बाड़े जैसी जगह, जिसमें आम के तीन पेड़ लगे थे। बाड़े में ही दक्षिणी दीवार से लगी ऊपर छत पर जाने की सीढ़ियाँ थीं। बाड़े की ज़मीन कच्ची थी। ऊँची बाउंड्री, पीछे कब्रिस्तान था। कई बार हम लोगों को हलचल दिखाई देती वहाँ, लोग आते अपने किसी परिजन को दफ़नाते। चले जाते। हमारे मन में कभी किसी भी तरह का रंच मात्र भी भय नहीं आया, कभी भी। इसी आवास में बैठक और बीच वाले कमरे की दीवार के उत्तरी तरफ़ एक बड़ा कमरा था, यह सोने वाला कमरा था। तब तक हमारे जीवन में, दिन-रात बिछे रहने वाले पलंग-बिस्तर के इंतज़ाम ने प्रवेश नहीं पाया था। इस कमरे में एक दरवाज़ा था पश्चिमाभिमुखी, जो किचन के दरवाज़े के पास गैलरी में खुलता था। इसमें दो खिड़कियाँ थीं एक उत्तर की तरफ़ खुलने वाली और एक पूरब की तरफ़। मेरा मुख पश्चिम दरवाज़े की तरफ़ था और पीठ पूरब में खिड़की की तरफ़। मैं ज़मीन पर बैठा था। उन दिनों फ़ोन थे, लेंडलाइन, मोबाइल नहीं था। चिट्ठी-पत्री चलन में थी। मेरे पास ऋतुराज जी की देखा-देखी लिया हुआ रेमिंगटन का पोर्टेबल टाइप रायटर था, ट्रेवलाइटर। चिट्ठियाँ अकसर उसी पर लिखता था। सामने वही रखा था, रोलर पर पोस्टकार्ड चढ़ा था। बग़ल में एक अंतर्देशीय पत्र रखा था। छुट्टी का दिन था, वक़्त होगा यही कोई सुबह के साढ़े आठ से नौ के बीच का। मौसम कोई बेचैन करने वाला न था। क्या हुआ...पता नहीं कि अचानक मेरी पत्नी आई और उसने मुझे बाहुओं से घेरकर अपने गले से लगा लिया। मैं हिलक-हिलककर रो रहा था। जीवन के कठोर संघर्ष में दुख के दारुण अवसर न आए हों, ऐसा नहीं था, इसके उपरान्त मेरी पत्नी ने कभी मुझे रोते हुए देखा न था, मेरा रोना सुना न था। वह मेरे रोने की आवाज़ सुनकर ही तो आई थी। स्वस्थ होने में कुछ समय लगा। वह पूछ रही थी-"मुझे बताओ क्या हुआ?" पास में अंता से आया अनूप

का अंतर्देशीय पत्र था, राजू के न रहने की ख़बर थी। हम सम्भवतः अपने निकट से निकटतम की उपस्थिति, उसके रहते कभी इतनी गहरी संवेदना से अनुभव नहीं करते कि हमारा अंतस विगलित हो जाए, किन्तु उसी की अनुपस्थिति के वियोग का विरह हमें कितना कातर कर देता है। वियोग के विरह की व्यथा कौन लिख सका है, प्रेम के कवियों के सिवा। इस पर सदा सर्वदा का वियोग। 'सरोज स्मृति' क्या निराला से यूँ ही लिखने में आ गई होगी? राजू के मरने की ख़बर ने मुझे अंदर तक विचलित किया था, भिगो दिया था।

राजू की मृत्यु का वृत्तान्त भी विचित्र है। बाद में पता चला। नशे के अधीन तो वह था ही। बरसात के दिन थे, कालीसिंध नदी में ख़ूब पानी था। उन दिनों बड़ी पुलिया नहीं बनी थी। रपट पर से ही गुज़रते थे, सब लोग और वाहन। सड़क पर ज़्यादा पानी आ जाता तो सिर्फ़ ट्रेन ही एक मात्र साधन थी कोटा आने-जाने के लिए। कई बार कालीसिंध राखी (रक्षाबंधन) पर रास्ता रोकती, तो दिवाली बाद खुलता। पुल पर पानी, पानी की धार बहती रहने के बावजूद कई लोग जोख़िम उठाकर निकलते। हर साल एक-दो, दो-पहिया या चार-पहिया वाहन फिसलते और बहते, जिसमें लोग डूबते-मरते। कभी कोई बिरला क़िस्मत वाला बच निकलता या बचा लिया जाता। राजू मोटरसाइकिल से तीन सवारी, अपने दो दोस्तों के साथ नदी पार गया था, पीने के लिए। राजू के सड़क के आस-पास और अंदर के गाँवों में कई दोस्त थे, कई ठिकाने थे। पीने-पिलाने के। वे सब पीकर लौट रहे थे, नशे में तो थे ही सभी, बाइक राजू ही चला रहा था। राजू वैसे ही बेधड़क था उसपर उस वक़्त तो वो दूसरे घोड़े पर सवार था। नदी की और बरसात में बहती नदी की धार की, उसे क्या परवाह रही होगी। पीछे बैठी सवारियों को तो शायद पता भी न होगा कि मोटर साइकिल कहाँ चल रही है, धार में कुछ दूर तो चली होगी। कालीसिंध का पाट चौड़ा है, पार करने में वक़्त लगता है। ऊपर से सड़क पर पानी की धार और पानी का तेज़ प्रवाह, पुल की सड़क पर कई जगह का मसाला भी बहा ले जाता है, जिससे सड़क में गड्ढे हो जाते हैं, जो पानी के बहाव में दिखते नहीं। वहाँ सिर्फ़ पहिया बैठता है, गति भंग होती है, संतुलन बिगड़ता है तब पता चलता है। कभी हैंडिल घुमाकर, ब्रेक-एक्सीलेटर, और बॉडी से गाड़ी का बैलेंस बन जाता है और गाड़ी निकल जाती है, ऐसे ही पुल पार होता है। नरेश सक्सेना कहते हैं-"पुल पार करने से नदी पार नहीं होती।" कभी बैलेंस बिगड़ता है, तो कुछ भी हो सकता है। उस दिन ऐसा ही हुआ होगा। गाड़ी का बैलेंस बिगड़ गया होगा। पाँव क्या टिकते और तीनों लुढ़क गए होंगे। धार में पुल से नीचे गिरकर बहने लगे होंगे डूबते-उतराते, नदी के पत्थरों, चट्टानों से टकराते। राजू को तैरना आता था, उसके एक दोस्त को

भी। लोग बताते हैं दोनों जैसे-तैसे चढ़कर पुल पर पहुँचे, देखा तीसरा साथी नहीं था। वह धार में डूबता उतराता कभी दिखता कभी लुका जाता। राजू फ़ौरन फिर से नदी की धार में कूद पड़ा, दूसरा साथी कुछ कहता उससे पहले ही। थोड़ी देर राजू दिखा फिर नज़रों से कभी ओझल होता, कभी दिख जाता। तीसरा साथी आगे जा चुका था और राजू दृष्टि की सीमा से बाहर, धीरे-धीरे वह दिखना बंद हो गया। पुल पर खड़ा साथी चिल्लाया; लोग इकट्ठे होने लगे। कोशिशें, जो सम्भव थीं उस वक़्त हुई होंगी। रात को भी और दूसरे दिन भी। बाद में तलाश की गई दूर तक नदी में, बॉडी ही रिकवर हो जाए, डेड बॉडी। दूसरे साथी की लाश तो नदी में आगे मिल गई पर राजू नहीं मिला। राजू, डायलॉग में उस्ताद था, कोई मौक़ा न छोड़ता था। कई बार वह कहता था—"अपन तो दुनिया वालों का कोई अहसान नहीं लेंगे, भाईसाहब। मरने के बाद चार आदमियों के कंधे पर उठाने का भी नहीं, देख लेना।" हम मज़ाक़ में लेते उसकी बातें। क्या ऐसे मौक़े के लिए उसने पहले ही डायलॉग बोल रखे थे? सचमुच ऐसा ही हुआ। राजू ने मरते दम तक, मरने के बाद भी किसी का अहसान नहीं लिया। कह सकते हैं, कहने की बातें हैं।

राजू से दोस्ती के सिलसिले की शुरुआत तो बहुत पुरानी है। उसको मरे ही अट्ठाईस बरस से ज़्यादा के क़रीब हो गए। राजू कोई बड़ी शख़्सियत नहीं था। ज़माने की रफ़्तार में उसे भूल जाना, भुला देना कोई मुश्किल न था, लेकिन वह भूलाया नहीं गया। उसकी यारबाजी, अन्तरंग-आत्मीयता, उसका बिंदास अंदाज़, उसकी डायलॉगबाजी वह जब-तब बातों में, यादों में आन खड़ा होता है। कई लोगों को मैंने उसके किस्से कई बार सुनाए। उसकी याद में कुछ लिखना चाहिए ऐसा भी सोचा। लिखने की कोशिश की, कई बार...पर पार नहीं पड़ी। कुछ दिनों से राजू चेतना में मँडरा रहा था, बार-बार। मित्रों में शशिप्रकाश जी को ही अकसर मन में जो चल रहा होता है वह बताने का होता है। बार-बार मिलना रू-ब-रू बात करना अगर न हो पाता है तो फ़ोन पर ही बात होती है। पिछले दिनों शशिप्रकाश जी से बात हो रही थी बातों-बातों में राजू के प्रसंग भी आए। शशिप्रकाश जी भावुक हैं, भर जाते हैं अक्सर भाव से, कहने लगे—"शापित यक्ष! शापित यक्ष था भाई साहब वह! राजू शुक्ला।" मैंने कभी इस दृष्टि से सोचा नहीं लेकिन इस वृत्तान्त का समाहार करते हुए सोचता हूँ, क्या सचमुच वह शापित यक्ष था? हाँ, शायद...नहीं। वह क्या था कहना मुश्किल है मेरे लिए। मेरी स्मृतियों में उसका चेहरा इतना स्पष्ट नहीं उभरता हाँ लेकिन एक स्वर बहुत साफ़ सुनाई देता—"...ती...नचायो। ...भक्तन ने मोहे ...नाना भाँति नचायो।"

❐

रमेश सोलंकी की पुण्य-स्मृति

कल या परसों की बात है, कवि मित्र विश्वामित्र दाधीच का फ़ोन आया, कह रहे थे पच्चीस तारीख़ को स्व. रमेश सोलंकी की पुण्य-स्मृति का कार्यक्रम है दाधीच छात्रावास में और साथ ही गीतांजली का आयोजन है, जिसमें आपको आना है, दोपहर एक बजे। भोजन भी वहीं है। गीतांजली विश्वामित्र जी की एक संगीत संस्था है।

रमेश सोलंकी कोटा की सांगीतिक दुनिया के प्रतिभाशाली, ख़ुशमिज़ाज, मिलनसार कलाकार थे। न केवल गाते थे बल्कि कई फिल्मी कलाकारों की आवाज़ में गाते थे और मिमिक्री भी करते थे।

मुझे याद आता है, वह सत्तर के दशक के आख़िरी और अस्सी के दशक के शुरुआती साल थे। मैं कोटा में हुआ करता था। प्रेम जी का जितना दख़ल साहित्यिक दुनिया में था उतना ही दख़ल संगीत और नाटकों की दुनिया में भी था। प्रेम जी इंस्ट्रूमेन्टेशन फैक्ट्री में थे। 'चामल' राजस्थानी की पत्रिका निकालते थे, 'सप्तश्रृंगार' नाट्य संस्था भी संचालित करते थे। गायन, वादन, नाटक, अभिनय की मंडली में ही थे रमेश सोलंकी। शरद तैलंग, राकेश उपाध्याय, दीपक, मीनाक्षी सुन्दरम–इनके नाम मुझे याद हैं, इन्हें जानता भी हूँ। मैं उन दिनों भी ख़ामख़्वाह ही था। कहीं भी घूमता, कहीं भी जा शामिल होता। प्रेम जी, स्नेह, संरक्षण भाव रखते थे और निभाते थे इसलिए उनके साथ सप्तश्रृंगार के कार्यक्रमों, रिहर्सलों में भी, मैं रहा करता था, इसके अलावा साहित्यिक कार्यक्रमों गोष्ठियों में तो होता ही था। मुझे याद आता है, प्रेग जी के किसी कार्यक्रम में शरद जोशी आए थे। प्रेम जी तो आयोजन के दूसरे कामों में व्यस्त रहते थे। शरद जोशी की दिलजोई, टहल का जिम्मा मुझे और रामभाई को मिला था। हम क्या होंगे उस समय 22-24 साल के छोरे-छापरे।

शरद जोशी तो हमसे काफ़ी बड़े थे। उम्र में भी और वैसे भी लेकिन क्या मजाल जो हमारे और शरद जोशी के बीच में किसी तरह का फ़र्क़ आया हो। इसे शरद जोशी के स्वभाव की सहजता, सरलता ही कहिए, जो ऐसा हमें लगा वरना

तो हमारा खिलंदड़ापन क्या कर लेता अगर वे मुँह नहीं लगाते। मुझे याद आता है, बजाज खाने के सँकरे बाज़ार में क्या पता कैसे शरद जोशी की पैंट घुटनों के यहाँ से फट गई। गलत न होऊँ तो वे मेरी साइकिल के केरियर पर थे और पास से गुज़रते रिक्शे से उनकी टाँग अड़ गई। बदली या नई ली राम जाने लेकिन जब तक बाज़ार में रहे, उसी फटी पैंट में रहे।

एक कार्यक्रम में पंकज कपूर (फिल्मी कलाकार) आए, साथ एक बांग्लादेश के कलाकार भी थे, नाम भूल रहा हूँ नाटक में लाइट देने का काम करते थे और एन.एस.डी. में थे। पंकज कपूर भी एन.एस.डी. में ही थे, उन दिनों। एक और प्राध्यापक थे एन.एस.डी. के–शर्मा जी, आर.बी. शर्मा या बी.आर. शर्मा। वॉयस एंड स्पीच विषय सिखाते-पढ़ाते थे उस समय एन.एस.डी. में। वे चम्बल ट्यूरिस्ट बँगलों में रुके थे, उन सबके साथ हमने मोहन टॉकीज में फिल्म देखी थी–'नगीना'। कह नहीं सकता पक्के से, लेकिन कच्चा-सा याद है, एक और फिल्म थी–'जय संतोषी माता'। लगातार दो शो, एक के बाद दूसरा। शर्मा जी ने हारमोनियम मँगवाकर हमें यानी मुझे, रामभाई, हरिभक्त (आनन्द संगीत) तीनों को मुनि रूपचन्द की कविताएँ याद करवाई थीं। ज़ोर-ज़ोर से, गला फाड़कर, ऊँचे-नीचे स्वर में बोलना सिखाया था। फिर सूचना केन्द्र में हमने उन कविताओं का नाट्य-प्रदर्शन (मंचन) भी किया था। हाव-भाव, अभिनय के साथ, विभिन्न मुद्राओं, गतियों और स्टेज पर कई संरचनाएँ बना-बनाकर। हमने सिर्फ़ पैंट पहना हुआ था, ऊपर से हमारे बदन उघाड़े थे।

ये सब उन दिनों की बातें हैं, जिन दिनों प्रेम जी के संग-संगात में यदा-कदा रमेश सोलंकी से मिलना होता था। मिलना तो क्या, दरस-परस कह लीजै। मैं न तो गाने-बजाने में था, न नाटक में, सिर्फ़ कविता में था। वो भी न गाए जाने वाली कविता। बाक़ी तो शौकिया शामलात समझिए। रमेश सोलंकी, कई तरह के गाने गाते थे, किशोर कुमार के तो लाजवाब। शरद जी, मन्नाडे के गाने ख़ूब गाते थे। मीनाक्षी सुन्दरम के साथ गाने में उनका जवाब न था। वैसे प्रेम जी भी अच्छा गाते थे। एक और नाम याद आता है तबला-वादक घोष, पियानो वादक नंदी, जिन्होंने एक बार पियानो पर गाना बजाया था–'हवा में उड़ता जाए, मेरा लाल दुपट्टा मल-मल का।' ऐसा बजाया था कि आज तक लहरा रहा है, यादों में।

तो ऐसे रमेश सोलंकी की पुण्य स्मृति में, गीतांजली एक स्मृति संगीत सभा कर रही है, मध्याह्न भोजन भी वहीं है। कवि मित्र, विश्वामित्र का आग्रह भी है।

कार्यक्रम के मुख्य अतिथि भी आप होंगे, फिर तो जाना बनता-ही-बनता है। एक सेवानिवृत्त आदमी को इससे ज़्यादा की दरकार होनी भी क्यों चाहिए। मैं तैयार था, डेढ़ बजे के क़रीब फ़ोन आया विश्वामित्र जी का–"आओ न!"

मैंने कहा–"बस आया।" और पहुँच गया। बग़ैर किसी अनावश्यक औपचारिकता के सरस्वती की मूर्ति और रमेश सोलंकी की तस्वीर पर माला चढ़ाकर, दीपक जलाकर कार्यक्रम की शुरुआत हो गई। एक और अतिथि जी.डी. पटेल साहब थे।

शरद तैलंग ने अपने पुराने दिनों को याद किया। रमेश सोलंकी के साथ वालों और उनके बाद वालों ने, उनके बारे में बहुत सारी बातें बताईं और गाने सुनाए। सुनाने वाले कई थे, सभी तरह के। डॉ. रोशन भारती थे, उनके पिता यास्मीन भारती और मेडीकल कॉलेज के प्रिंसिपल डॉ. गिरीश वर्मा जी भी थे, एक गाना उन्होंने भी गाया। गीतांजली के सचिव राकेश उपाध्याय थे। राजीव मल्होत्रा से मेरी मुलाक़ात नई थी, उन्होंने बहुत अच्छे से मुकेश का एक गीत सुनाया–"जाऊँ कहाँ बता ए दिल, दुनिया बड़ी संगदिल।"

छोटा-सा स्टेज था। स्टेज पर आर्केस्ट्रा के तीन स्थाई कलाकार थे, एक वह जो बड़ा बाजा होता है, जिससें सब तरह के वाद्यों की आवाज़ें निकल सकती हैं– सिंथेसाइजर। बीच में ढोलक और एक स्टैंड पर लगा पटरा, जिसे दो डंडियों से बजाते हैं। नाम किसी ने बताया था, याद न रहा। एक हारमोनियम, एक तबले की जोड़ी, जिस पर तबला वादक घनश्याम राव का एकाधिकार था। उन्होंने बजाया भी एकाध बार। एक बार डॉ. रोशन भारती के साथ भी बजाया लेकिन संगत जमी नहीं। तबला वादक रंगत में थे। आदमी तक़रीबन डेढ़-दो सौ होंगे, ज़्यादा-से-ज़्यादा, लेकिन लाउडस्पीकर की मशीन ऐसी थी कि दस हज़ार आदमियों के कानों तक अपनी आवाज़ पहुँचा सके। पूरी तो न खोली गई थी, फिर भी इतनी तो थी कि हज़ार-पाँच सौ लोग भी ज़ोर से सुन लें। बड़े-बड़े स्पीकर्स थे और कई माइक, माइक स्टैंड। एक इलेक्ट्रॉनिक मशीन थी बड़ी-सी, जिसमें कई सारे मोटे तार (लीड्स) लगे थे। मुझे पता नहीं क्यों संगीत के कार्यक्रम में बहुत सारे ताम-झाम देखकर घबराहट-सी होती है। इतनी सारी लीड्स देखकर मुझे लगता है जैसे आई. सी.यू. की कोई मशीन है। मैं संगीत का जानकार तो पक्का हूँ ही नहीं, संगीत का श्रोता भी ज़्यादा उच्च कोटि का नहीं हूँ। समझ लीजिए, जब भोजन पांडाल में, तरह-तरह के व्यंजन सजे हों मुझे रोटी-चटनी की तलब लगी होती है, मुझे लगता है भाई ये, साजो-सामान, लाउडस्पीकर, माइक वगैरह संगीत को अधिक प्रभावी

बनाने के लिए हैं, न कि इसलिए कि संगीत का असल स्वाद ही खो जाए। हम जैसे लोगों को शादी के खाने में आलू की साग, आलू की नहीं लगती, गोभी की, गोभी की नहीं लगती। हर सब्जी में बस मसाले का स्वाद आता है और ग्रेवी का। हम कहते हैं इससे तो रोटी चटनी अच्छी, जिसमें रोटी का स्वाद रोटी जैसा आता है और मिर्च का स्वाद मिर्च जैसा। यहाँ तो मधुर गाने में भी स्पीकर ऐसे गूँजता, थर्राता है, जैसे युद्ध का धौंसा बज रहा हो। संगीत हृदय को छूता नहीं, हृदय में कँपकँपी पैदा करता है। इतने तरह के इफेक्ट और इतने तरह के प्रभाव, कि पता ही नहीं चलता कलाकार लाउडस्पीकर्स और वाद्ययंत्रों, ईको वगैरह का उपयोग अपने गायन की ख़ूबियाँ बताने के लिए कर रहा है या अपनी खामियाँ छुपाने के लिए। हमें संगीत के कार्यक्रमों में यह भी पता नहीं चलता कि किस कलाकार के संगीत की सीमा कहाँ तक है और उसके शोर की सीमा कहाँ से शुरू होती है। हर गायक, वादक, कलाकार इशारा कर-करके, बोलकर माइक वाले से माइक की आवाज़ बढ़ाने को कहता रहता है, कोई प्रभाव घटाने-बढ़ाने को, ईको, बेस वगैरह न जाने और क्या-क्या? कई बार हमें यह भी लगता है, कि कलाकार को आवाज़ की उच्चता-तीव्रता और उपस्थित श्रोताओं के समानुपात का सामान्य गणित भी नहीं आता वह सौ श्रोताओं के सामने भी, हज़ार श्रोताओं जितनी उच्च तीव्रता; Loudnes के साथ गाना चाहता है। क्या यह सही नहीं है कि कानों के सुनने की क्षमता का भी एक स्तर है। मधुर संगीत भी यदि एक सीमा से अधिक ऊँचे स्वर में सुना जाए, तो कर्कशता में बदल सकता है? अत्यधिक ऊँची आवाज़ कष्टदायक और असह्य होती है। क्या यह ज़रूरी नहीं है कि एक गायक कलाकार को गायन के ज्ञान के साथ-साथ श्रवण का विज्ञान भी पता होना चाहिए।

कर्कश, वीभत्स, विध्वंसकारी ये स्वर ही हैं, जिससे संगीत के माधुर्य की तलाश में विचरता एक मन यह जानता है कि शब्द भले ही तैरने का माध्यम हो सकते हैं, किन्तु शब्द तो डूबने का ही माध्यम है।

काल हमसे सबकुछ छीन लेना चाहता है। सबकुछ नष्ट कर देना, मिटा देना चाहता है किन्तु हम काल के समक्ष अपनी सामर्थ्य भर क्षमता लेकर खड़े होते हैं– स्मृतियों के सहारे, कल्पनाओं के दम पर, हम कालातिक्रमण करते हैं। समय ने जिन्हें हमसे छीन लिया है हम उन्हें पुनर्जीवित करते हैं, अपनी स्मृतियों में।

काल प्रवाह उन्हें बहा ले जाता है, उन्हें मिटा देता है और भुला देता है, जो काल के पृष्ठ पर अपने कृतित्व का कोई चिह्न नहीं छोड़ते। जो जितना गहरा चिह्न

छोड़ता है, काल उसे उतनी ही देर से मिटा पाता है। वे जिन्हें हम याद करते हैं, उन्होंने समय के पृष्ठ पर अपने कृतित्व के निशान छोड़े हैं। मनुष्य विभिन्न क्षेत्रों में अपने क्षेत्र का अपना कृतित्व रचता है, उनमें कला भी एक क्षेत्र है। जो व्यक्ति कला क्षेत्र में उद्यम करते हैं वे रचते, सिरजते हैं और वे काल के पृष्ठ पर पृष्ठांकन का उपक्रम करते हैं। कलाकर्मियों को स्मरण करना उनके समक्ष खड़े होने की कोशिश है। मृत्यु और विनाश के सापेक्ष एक रचना, एक जीवन और पुनर्जीवन है।

27/12/2018

❒

खिड़कियाँ बंद हैं खोलिए

यह चैत्र का अलस अपराह्न है। नागेन्द्र जी कोटड़ी आ रहे हैं, मुझे भी वहीं जाना है। क्योंकि अखिलेश जी नहीं रहे इसलिए दोनों केशवपुरा मुक्तिधाम जाएँगे।

आज सुबह घूमने के बाद जब थोड़ी देर बैठे सुस्ता रहे थे तभी भगवती प्रसाद जी गौतम ने मोबाइल पर सूचना दी कि अखिलेश जी की तबियत ठीक नहीं है, वेंटिलेटर पर हैं। इस सूचना से मन में अवसाद हुआ, कुछ अच्छा नहीं लगा।

बातें करते-करते थोड़ी देर बाद हमसे रहा नहीं गया हमने फिर से अखिलेश जी का समाचार लिया। नागेन्द्र जी ने महेंद्र जी को फ़ोन लगाकर पूछा तो पता चला कि तबियत में सुधार है। धीरे-धीरे बात भी कर रहे हैं। हमने सोचा, चलो अच्छी बात है, दुआ है कि ठीक हो जाएँ लेकिन मन निशंक नहीं था। एक दुविधा, एक आशंका मन के अज्ञात कोने में कहीं छिपी बैठी थी। उनका बातें करना (बाद में पता चला) थोड़ी-सी रबड़ी खाना, अपने बेटे द्वारा और खिलाने का आग्रह करने पर कहना-"अरे पगले!" यह सब उस आम कहावत के मुताबिक़ था, जिसमें कहते हैं कि बुझने से पहले दिए की लौ तेज़ होती है।

अभी कुछ दिन पहले ही तो अखिलेश जी को कविता पाठ करते सुना था। शायद पालीवाल कंपाउंड में विकल्प के साहित्योत्सव की काव्य गोष्ठी थी। मैंने आग्रह किया था, उनकी बहुचर्चित और लोकप्रिय, कई बार सुनी फिर भी सुनने लायक, अपनी पसंदीदा ग़ज़ल 'खिड़कियाँ बंद हैं खोलिए' सुनाने के लिए। तरन्नुम में कैसी खिंची हुई आवाज़ थी अखिलेश जी की, पूरे हॉल और पूरे माहौल पर तारी हो गई थी।

घर पहुँचने के थोड़ी देर बाद नागेन्द्र जी ने ही सूचना दी कि़ वह तसल्लीबख्स ख़बर ज़्यादा देर बहाल न रह सकी। आशा के संचार की क्षीण सूचना शोक के समाचार में बदल गई। हम जिस बात से ख़ुश और संतुष्ट थे अब वो बात नहीं रही थी। अखिलेश जी चले गए। अब वो आवाज़ नहीं रही लेकिन उसकी गूँज हमेशा हमारे कानों की याद में बनी रहेगी।

दो बजे उनके घर दादा बाड़ी से शव यात्रा चलेगी। तक़रीबन तीन बजे केशवपुरा मुक्तिधाम में दाह संस्कार होगा। हम दोनों ने तय किया कि कोड़ी चौराहे पर मिल जाएँगे, वहीं से साथ चलेंगे।

हम जब पहुँचे, अखिलेश जी की मृत देह को चिता पर लिटाया जा चुका था। उनकी देह, चिता के सहारे खड़ी और ऊपर धरी लकड़ियों से ढकी हुई थी। उनके पुत्रों, पुनीत और अमित के सिर मुँडे हुए थे। उनकी देह को अर्थी में लिटाकर घर से लाते समय जो घास, कुश बिछाया गया था उसी में से कुछ निकाल कर अर्थी के डंडे के एक मुँह पर बाँधा गया, उसी को जलाकर उसी से दोनों पुत्रों ने चिताग्नि दी। उनके साथ जो एक नौ-दस साल का बालक है और जिसका सर अभी नहीं मुँडा है वह अखिलेश जी का पौत्र है। बालक अबोध है। यह जानना कठिन है कि उसके मन में अपने पितामह की मृत्यु का कितना बोध है, कितना अवसाद, कितना शोक है? किन्तु उसके चेहरे पर मृत्यु का भय कतई नहीं है। क्या मृत्यु किसी को नहीं डराती? अबोधों को, ज्ञानियों को, मूर्खों को, निर्ममों को, निर्मोहियों को? मृत्यु किसको डराती है? साधारण मनुष्यों को, कायरों को? यह जानना भी कठिन है।

बैराज से बँधी चंबल के अथाह जल वाले दह के किनारे, स्थानीय जन प्रतिनिधियों और समाज सेवियों के सराहनीय प्रयास से सृजित, संचालित, घने वृक्षों से आच्छादित, ग्रेनाइट के पत्थर के फर्श और कुछ उसी पत्थर तथा स्टील की बेंचों से सुसज्जित, यह मुक्तिधाम शांत और रमणीय है। मुक्तिधाम के इस परिसर में अखिलेश जी के रिश्तेदार, परिजन, मित्र, साहित्यिक मित्र और भी परिचित साथी-संगाती, अपनी-अपनी सुविधा और सहूलियत के मन-मुताबिक़, अलग-अलग स्थानों पर, अलग-अलग समूहों में बैठे हैं। उनमें से कितने मृत्यु से डरते हैं, कितने नहीं डरते और उनके सबके डरने न डरने के क्या-क्या कारण हैं? यह जानना बहुत ही कठिन है, मेरे लिए तो असंभव ही है।

वहाँ बैठे हुए सभी प्रतिष्ठित, परिचित, बुद्धिजीवी, साहित्यिकों के नाम न गिनाना अनायास नहीं है।

मुझे लगता है अखिलेश जी को जानने वालों में, जिन्होंने उनकी मृत्यु की सूचना जान ली है वे तो यहाँ हैं ही और जो किसी कारण से भौतिक रूप से यहाँ नहीं हैं फिर भी वे यहाँ हैं, मानसिक रूप से उनकी अंतिम यात्रा में शामिल। उनके नाम गिनाए जाने सम्भव नहीं हैं।

लगभग पिचहत्तर के अखिलेश जी अपनी कद-काठी और स्वभाव, मिज़ाज के चलते इतने वयोवृद्ध नहीं लगते थे। ख़ुशमिज़ाज और जिंदादिल जिसे कहते हैं, ऐसे इनसान थे अखिलेश जी। हमारे तो निजी और निकट मित्रों में थे अखिलेश जी। वे हमसे विकल्प से जुड़े थे। विकल्प की ज़िम्मेदारियों और फ़िक्रों में वे सक्रिय रहते थे। बातचीत में भले ही शास्त्रीय और सैद्धान्तिक बहस में न पड़ते हों लेकिन इंतज़ामात के मामले में एक-एक बिन्दु पर चर्चा करते थे। ये कैसे होगा, ये ऐसे होगा या वैसे होगा। अखिलेश जी डी.सी.एम. कारखाने के सहायक प्रबंधक के पद से सेवा-निवृत हुए थे।

ज़माना ख़ूब आत्म-प्रदर्शन और आत्म-प्रशंसा का है। ख़ुशी और ज्ञान बाँटने के सौजन्य और आशीर्वाद चाहने की औपचारिक विनम्र भाषा के पीछे से भी झाँकती आत्म-प्रदर्शन की लपलपाती जिह्वा छिपाए नहीं छिपती। सामर्थ्य भर विज्ञापन करने में कोई पीछे नहीं है। ऐसे समय में भी, मुझे स्मरण नहीं आता अखिलेश जी ने आत्म-प्रदर्शन की अभिलाषा से कभी भी सौजन्य की मर्यादा को लाँघा हो। प्रकट-अप्रकट व्यवहार में। प्राय: वे अपने आप को विनय से पीछे बनाए रखने की ही कोशिश करते थे। इतने अच्छे ओहदे और एक शानदार कवि शायर होने के बावजूद, वे स्वभाव से कितने सहिष्णु और मिलनसार थे इसकी पुष्टि साहित्यकार मित्रों के अलावा उनके साथी, सहकर्मी, परिजन, परिवार वाले भी करेंगे।

मुझे ठीक से याद नहीं मेरी उनसे पहली मुलाक़ात कब हुई थी लेकिन इतना ज़रूर कह सकता हूँ उनका शिष्ट, सौम्य, शालीन व्यक्तित्व और शानदार तरीक़े से अपने कलाम की अदायगी ने मुझे हमेशा आकर्षित किया।

यह शायद एक दशक पहले की बात है। विकल्प की तरफ़ से रचनाकार साथियों के साहित्यकर्म की बानगी बतौर छोटी-छोटी पुस्तिकाएँ प्रकाशित करने की योजना बनी। बेशक, इसकी आत्म-निर्भरता साहित्यकार मित्र के सहयोग पर टिकी थी तथापि रचनाओं का चयन, संपादन और प्रकाशन विकल्प को ही करना था। विकल्प के चुने हुए साथियों की रचनाओं के चयन, संपादन का काम मेरे ज़िम्मे था। विकल्प की इस योजना की सबसे पहली पुस्तिका अखिलेश जी के गीतों और ग़ज़लों की थी, तब मुझे अखिलेश जी के रचना-संसार को थोड़ा और निकट से जानने का सुयोग मिला।

वैसे तो अखिलेश जी की रचनाएँ काफ़ी समय पहले से ही देश की तत्कालीन नामचीन साहित्यिक पत्र-पत्रिकाओं यथा धर्मयुग, साप्ताहिक हिंदुस्तान,

कादंबिनी, नवनीत, दैनिक हिंदुस्तान, नवभारत टाइम्स, राजस्थान पत्रिका, भास्कर आदि में प्रकाशित होती रहीं लेकिन जहाँ तक मेरी जानकारी है इनका कोई कविता-संग्रह अभी तक प्रकाशित नहीं हुआ। कारण कुछ भी रहे हों। संक्षिप्त संचयन के रूप में यह पुस्तिका उनकी एक साथ कई रचनाओं का पहला प्रकाशन थी।

लंबे समय से रचना कर्म में रत आलेख, बच्चों की कविताएँ, गीत-ग़ज़ल लिख रहे और प्रकाशित हो रहे, अपनी रचनात्मक सार्थकता प्रमाणित कर चुके, ऐसे समर्थ वरिष्ठ कवि की संक्षिप्त ही सही यह संचयिका प्रस्तुत करते समय मेरे मन में एक उत्साह और गौरव का भाव था।

हिंदी पारंपरिक छंदोबद्ध कविता में आधुनिक काल का वह समय महत्त्वपूर्ण है और रेखांकित किया जाने लायक है। जब नवगीत चलन में आया तब यह हिंदी कविता की एक सुगढ़ करवट थी। बहुत सारे गीतकारों की रचनाओं के कथ्य और शिल्प के जरिए आया यह ताज़गी का एक झोंका था। अखिलेश जी की रचनाएँ भी मुझे ऐसी ही लगती थीं–

रडके पनचक्की आँतों में
मुँह मिट्टी से भर जाए
भैय्या पाहुन
क्यों ऐसे दिन
तुम मेरे घर आए

बँटे न हाथों चना चबैना
बिछती आँख न देहरी
घर घर मिट्टी के चूल्हे हैं
हर घर में झरबेरी
टूटा तवा कठौती फूटी
पीतल चमक दिखाए।

उस समय मैंने अपनी टिप्पणी में लिखा था अखिलेश अंजुम की रचनाओं में कथ्य और शिल्प की अद्‌भुत संगति पाई जाती है। शिल्प में जहाँ वे परंपरागत छंद

से कहन का कौशल हासिल करते हैं वहीं कथ्य में प्रगतिशील सोच और सामाजिक यथार्थ का संघर्ष उनकी कविता को समकालीन बनाये रखता है।

अखिलेश जी की ग़ज़लों में हिंदी ग़ज़ल का नवबोध है–

आदमी रद्दी हुआ अख़बार हो जैसे
ज़िंदगी टूटी हुई तलवार हो जैसे।
हाथ बाँधे सर झुकाए भीड़ चारों ओर
हर जगह कोई लगा दरबार हो जैसे।
हर नया अनुभव हमें यूँ तोड़ जाता है
काटती तट को नदी की धार हो जैसे।

छंद और भाषा में हिंदी–उर्दू का आत्मीय प्रयोग उनकी कविता की ख़ासी हिन्दुस्तानी पहचान बनाती है–

मता-ए-ग़म ही बहुत है गुज़र बसर के लिए
ये काम आएगा सरमाया उम्र-भर के लिए।
या
यूँ दहर में हूँ जैसे किसी शहरे संग में
शीशे का कोई जिस्मे सरापा लिए हुए।

अखिलेश जी की रचनाओं में जीवन की कोमल सुकुमार रूमानी सौंदर्यानुभूति की छवियाँ आज के सामाजिक विघटन के दौर में मानवीय संवेदनाओं की बड़ी उम्मीद के रूप में देखी जानी चाहिए।

उनकी जिस रचना ने बहुत लोकप्रियता पाई। या यूँ कहें यह रचना उनकी पहचान की रचना थी, जिसका अंजुम जी के सुमधुर कंठ से सस्वर पाठ इसे और अधिक प्रभावशाली तथा मर्मस्पर्शी बना देता था–

घर से बाहर अगर जाएँगे
देखना नाम कर जाएँगे
वो नज़र तो मिला ले ज़रा
सीधे दिल में उतर जाएँगे
खिड़कियाँ बंद हैं खोलिए
इस घुटन में तो मर जाएँगे।।

अपनी शायरी में अवाम की ज़िंदगी के दर्द, संघर्ष, तड़प, घुटन और तंग ज़हनी का मुज़ाहिरा करते अखिलेश अंजुम एक ऐसे शायर थे, जो उम्र-भर अपने रचना-मानस में एक विकलता एक बेचैनी महसूस करते हुए तड़पकर कहते रहे—"खिड़कियाँ बंद हैं खोलिए इस घुटन में तो मर जाएँगे।" निजाम-ए-ज़माना ने तो उनकी सुनी-न-सुनी लेकिन आख़िरकार निजाम-ए-कुदरत ने ज़रूर सुनी। घुटन से घिरा पंछी शायद इसी का इंतज़ार कर रहा था, खिड़की खुली और निजात पा गया।

कोमल अनुभूतियों और कठोर यथार्थ का द्वंद्व अखिलेश अंजुम की रचनाओं का सच भी है और सौन्दर्य भी। सच यही है कि वे अब नहीं हैं और सौन्दर्य यह कि वे हमारी यादों में हमेशा रहेंगे। उनकी मधुर खनकती आवाज़ और हँसी उनके न रहने पर भी उन्हें हमारी यादों में हमेशा बनाए रखेगी।

❐

प्रणाम!

आदरणीय गुरु गिरधारी लाल जी मालव साहब मेरे गुरु रहे, उन्होंने मुझे पढ़ाया था सातवीं से दसवीं तक, अंता हाई स्कूल में। वे हमारे प्रिय शिक्षक और लोकप्रिय कवि थे। उनका गाँव अंता से तीन कि.मी. दूर बरखेड़ा है, वे आजीवन वहीं रहे। अंता आना-जाना करते थे। वे बहुत सद्‌भावी, मृदुभाषी, मिलनसार, हँसमुख और ख़ुशमिज़ाज थे। मैंने अपना पहला लिखा हुआ लेख उन्हें ही दिखाया था, उन्होंने ही कहा था ये तो कविता है। जब मेरे और मेरे परिवार के संघर्ष के कठिन दिन थे। तब वे उन दिनों के बड़े मददगार थे। मैंने अपने लेखन के प्रारम्भिक काल में और बाद में भी उनके व्यक्तित्व और लेखन से बहुत प्रेरणा प्राप्त की। वे राजस्थानी (हाड़ौती) गीत, ग़ज़ल के समर्थ रचनाकार थे। उनके लेखन की शक्ति उनकी शुद्ध देशज-संस्कारिता है। उनका राजस्थानी गद्य लोक संस्कृति के सच्चे दस्तावेज़ का अनुपम उदाहरण है।

ये सब तो है ही लेकिन गिरधारीलाल जी उन दिनों लिखी गईं और सार्वजनिक मंचों से पढ़ी गईं, लोक द्वारा सराही गई फ्रीवर्स की लंबी कविताओं-पणघट, बगुलो, आपणै एक भैंस, छै जैसी कविताओं के लिए सदैव याद किए जाते रहेंगे। ये कविताएँ राजस्थानी कविता के पारंपरिक मुहावरे वाली आधुनिकबोध की अद्‌भुत गहरी कविताएँ हैं।

वे पिछले दिनों, राजस्थानी भाषा और लेखन की गंभीर चिंताओं को लेकर नई पीढ़ी के साथ सक्रिय थे। दो तारीख़ को तो हम उनसे कोटा मेडिकल कॉलेज में मिलकर आए ही थे। बेशक, उनकी प्राण ज्योति की शिखा प्रकंपित थी, तो भी उनकी जिजीविषा और इच्छाशक्ति उस समय बहुत सुदृढ़ थी। आज सुबह जब उनके न रहने का सामाचार सुना तो मन को बहुत दुख हुआ। मैंने तो अपना एक बुज़ुर्ग, आत्मीय साथी, संरक्षक, हित चिंतक, मार्गदर्शक खोया ही है, कह सकता हूँ हाड़ौती में आधुनिक बोध की कविता और खरे गद्य की रचनाशीलता का एक अध्याय समाप्त हो गया है। तथापि अपने आज के सफ़र के साथियों आदरणीय

कवि दुर्गादान सिंह जी, कवि मुकुट मणिराज, कवि ओम नागर और निशामुनि की साक्षी से कह सकता हूँ कि जैसा जीवन गिरधारी लाल जी मालव साहब ने जिया उस पर हम रचनाकार साथी एक संतोष और गर्व अनुभव कर सकते हैं।

जब तक हम रहेंगे वे हमारी यादों में बने रहेंगे, उनकी प्रकाशित कृतियाँ–"खीचड़्याँ की सोरम" "एक और भगीरथ" "हाल मूँ सफ़र मं छूँ" तथा एक प्रकाशनाधीन; (एक घड़ी पाछै परभात) सभी लेखकों, पाठकों को प्रेरणा देती रहेंगी। ईश्वर उनकी आत्मा को शान्ति प्रदान करे।

04/09/2016

❒

कवि धन्नालाल सुमन

पिछले दिनों हाड़ौती भाषा के लोकप्रिय कवि धन्नालाल जी सुमन की पुस्तक–"हाड़ौती मोत्यां की माका" के विमोचन का कार्यक्रम था। भारतेंदु समिति के सभागार में शाम के तीन बजे। कार्यक्रम साढ़े चार बजे शुरू हुआ। संस्था के मुखिया (प्रधानमंत्री) और एक स्थानीय नेता के साथ मुझे भी मंच पर बैठना था।

धन्नालाल सुमन कवि-सम्मेलनों में हास्य उत्पन्न करते थे, अपनी उपस्थिति और कविता-पाठ से। उनकी कविताओं में हाड़ौती लोक संस्कृति के कतिपय लाक्षणिक उत्कृष्ट वर्णन है। बाराँ के डोल, किशनगंज की दिवाली, घास भैरू आदि उनकी बहुश्रुत एवं लोकप्रिय कविताएँ हैं, जिनमें हाड़ौती के लोक जन-जीवन की झाँकी आत्मीय और प्रवाहमयी, वर्णनात्मक तरीक़े से प्रस्तुत की गई है। पंकज मेहता अच्छा बोले कि उन्हें (धन्नालाल सुमन को) केवल हास्य का कवि या मंच का मसखरा न माना जाए। मुझे भी यही कहना था कि वे हमारी लोक संस्कृति के आत्मीय चितेरे थे। धन्नालाल सुमन की कविता एक अन्य दृष्टि से भी उल्लेखनीय है। गत कुछ वर्षों की हाड़ौती कविता, विषयों की दृष्टि से कतिपय सीमित विषयों और वृत्तियों की आवृत्ति करती रही है। नायिका प्रधान, पारंपरिक श्रृंगार, गीतिकाएँ अथवा प्रचलित विषयों पर सतही हास्य-व्यंग्य।

हाड़ौती कविता में समकालिक समय का द्वंद्व, सामाजिक-राजनैतिक तैयारी का प्रथम संवाद हमें गिरधारी लाल जी मालव की 'बगुला' और 'पनघट' कविताओं में मिलता है। प्रेम जी के अलावा इस परंपरा के अन्य कवि नेमीचंद मालव, किशन वर्मा हैं। धन्नालाल सुमन की कविताओं में भी सामाजिक यथार्थ का द्वंद्व और राजनैतिक सजगता दिखती है, यह महत्त्वपूर्ण है।

हाड़ौती कविता में जीवित कवियों की चर्चा, समीक्षा मूल्यांकन करने का चाल-चलन ही नहीं है, तो स्वर्गीय हो चुके कवियों की कविता को सही तरीक़े से समय की बही में दर्ज़ करने और उसके मूल्यानुसार दर्जा देने का काम किसके ज़िम्मे है?

26/10/2016

❐

एक सफ़हः भर याद

भोपाल में मिट्टी है, पहाड़ियाँ हैं, पानी है, पेड़ हैं, जंगल हैं, उनके पास से सड़कें गुज़रती हैं। राजस्थान के आदमी को भोपाल में अगर किसी जगह की याद आ सकती है तो वह है, बाँसवाड़ा की। मगर मैं जब भोपाल में डॉ. शाहिद मीर से मिला तो मुझे बाँसवाड़ा के साथ-ही-साथ, बाड़मेर भी याद आया और बायतू भी।

मेरी मुलाक़ात मीर साहब से बाँसवाड़ा में हुई थी। बाँसवाड़ा में पहली बार कहाँ और कब हुई, वो मुझे याद नहीं। शायद उसी मकान में हुई होगी, जो हॉस्टल के वार्डन का मकान था। जिसमें वे रहते थे। कुछ लकड़ी, कुछ टीनशेड, कुछ केवल खपरैल का बना मकान। जिसमें काफ़ी ऊँची छत की वजह से कमरे बड़े-बड़े लगते थे। मकान में प्रवेश के तुरंत बाद के बैठक जैसे कमरे में, अकसर संगीत की महफ़िलें या साहित्य की गोष्ठियाँ हुआ करती थीं। संगीत से डॉ. शाहिद मीर का ताल्लुक गहरा है। वे संगीत के बारे में गहरी समझ रखते हैं, बजाना भी जानते हैं और गाते तो वे बहुत अच्छा हैं ही। क्या कहने, जिसने सुना वो उनकी शायरी से ज़्यादा उनकी गायकी पर शैदा हुआ। मैं भी हूँ उनमें से एक।

कहना न होगा कि बाँसवाड़ा के वो दिन यादगार दिन थे। हमारे लिए तो थे ही, शायद बाँसवाड़ा के लिए भी थे। बाँसवाड़ा के दोस्त बेहतर बता सकते हैं। किस तरह उस वक़्त, बाँसवाड़ा में हिंदी, उर्दू और वागड़ी की कविता सक्रिय थी। बाद में रही या नहीं पता नहीं। भाषाएँ, धर्म, जाति, किस तरह साहित्य के त्रिवेणी तीर्थ में तिरोहित हो गए थे उस समय, यह जानने-समझने से ज़्यादा अनुभव करने की बात है। बातें बहुत थीं। कार्यक्रम भी कई थे। मगर कुल-मिलाकर जो निष्पत्ति थी, वो एक ऊर्जस्वित सक्रियता थी। धनात्मक तथा रचनात्मकता थी, अनुप्राणित रागात्मकता थी।

एक-दूसरे से मिलकर ख़ुशी होती थी। संगीत के गुरु जी की सोहबत थी। कभी कोई जयंती, कभी किसी की विदाई पार्टी, कभी कोई पिकनिक तो कभी

देर रात तक चलने वाली गोष्ठी। कई बार पिकनिक पार्टियाँ भी हुईं, मुझे एक-दो की याद है।

बाँसवाड़ा से शायद पहले मैं निकला। वो 1993-94 की बात होगी। इस दौरान मीर साहब से संपर्क बना रहा। एक-दो बार मुलाक़ात भी हुई। फिर एक-दूसरे की खैर-ख़बरें गुम हो गईं।

वो 2004 के आख़िर की सर्दियों की सुबह थी, सर्दी और धुँध के बीच धूप में चमकती हुई। बाड़मेर में टाउन हॉल के बाहर विधानसभा चुनाव की तैयारियों के दौरान होने वाले किसी प्रशिक्षण का सिलसिला था कि मुझे मीर साहब दिखे या मीर साहब ने मुझे देखा। और हतप्रभ हम दोनों, कि देखिए कैसे मिले। मीर साहब ने कहा—"देखिए! ये मोहब्बतें हैं, जो कहाँ मिलाती हैं।" मैं तब क्या कहता और अब भी क्या कह सकता हूँ। उन्हीं दिनों सईद रोशन कुवैत से इंडिया आए हुए थे। वो और मंजर साहब बाँसवाड़ा से मुझसे मिलने बायतू आए। उनके साथ मीर साहब भी पधारे। हम लोगों ने मारवाड़ के गाँव में जाकर वहाँ के लोगों से बात की। उनके झोंपों के, मोरों के फोटो खींचे, अपने फोटो खिंचवाए। वो तस्वीरें शायद सईद रोशन के पास अभी भी हैं।

मुझे मेरे घर पर हुई एक गोष्ठी याद आती है, जिसमें बशीर अहमद मयूख, दुर्गादान सिंह जी, अखिलेश जी, महेंद्र जी, चाँद शेरी और योगेंद्र भाई साहब भी थे। उस दिन मीर साहब ने दोहों के साथ जो ग़ज़ल सुनाई थी उसका मतला हम अकसर जुमले की तरह कई बार बातचीत में काम में लेते हैं। "एक ग़ज़ल जो पूरी है, दिनभर की मज़दूरी है।" उस दिन उन्होंने "या ख़ुदा रेत के सहरा को समंदर कर दे" ग़ज़ल भी सुनाई थी। सभी साथी अभी भी जब कभी बात चलती है, उस दिन की गोष्ठी और मीर साहब की कविता-पाठ को याद करते हैं।

सच्चे-सहज सद्भावी लोग प्रायः अब बहुत ज़्यादा नहीं हैं। ऐसा होना सरल है या कठिन? यदि कोई वैसा होना चाहे, तो उसे क्या करना चाहिए? यह बात मीर साहब से ही पूछना चाहिए था। लेकिन अब किससे पूछेंगे? धक्का लगा। सबकुछ याद आ गया, जब उनके न रहने की ख़बर सुनी।

❐

भुवनेश जी

इसी दौरान एक दिन, भुवनेश बाल विद्यालय से रवींद्र मारू आए। भुवनेश चतुर्वेदी कोटा के ऐसे राजनीतिज्ञों में रहे हैं, जिनके संबंध और संपर्क न केवल राष्ट्रीय बल्कि अंतर्राष्ट्रीय थे। उनके व्यक्तित्व और कृतित्व से जुड़े कई किस्से, लोग सुनाते हुए मिल जाएँगे। बस! ज़िक्र होने भर की देर है। श्री नरसिंहाराव जी के प्रधानमंत्रित्व का समय उनके राजनैतिक वर्चस्व का मध्याह्न था।

बावजूद उनके, बेबाक़ी बोलों, साफ़ और खरे अक्खड़पन के उनके सद्चरित्र, उच्च कोटि के विद्वान् और सद्भावी होने के नाते लोग उन्हें याद करते हैं। उनके केन्द्र सरकार में मंत्री रहते हुए कराए गए कामों में–आकाशवाणी, कोटा आर्ट गैलरी, और कोटा संग्रहालय के स्थापन, पुर्नत्थान के कार्य सदा याद रखे जाने लायक हैं। उनके अकादमिक, शिक्षा और कला के प्रति अनुराग सम्मान के प्रकटीकरण के रूप में भी उन्हें याद रखा जाएगा।

भुवनेश जी ने ही बाल विद्यालय की स्थापना की और आख़िरी तक इससे जुड़े रहे। अभी भी इस विद्यालय में एक हज़ार के क़रीब बच्चे हैं। आठ सौ बच्चों के लिए आवासीय छात्रावास हैं। इन बच्चों का वर्ष में एक बार वन-विहार का कार्यक्रम होता है। मुझे पिछले दिनों, दो-एक कार्यक्रमों में विद्यालय में बुलाया गया था। मेरे बोलने को बच्चों और वहाँ के स्टाफ ने पसंद किया, ऐसा मुझे बताया गया। मुझे संतोष हुआ, बच्चों ने पसंद किया। विद्यालय चाहता था–दिनांक 20.10.16 से 23.10.16 तक होने वाले इस बार के वन-विहार कार्यक्रम में, मैं भी शिरकत करूँ।

रवींद्र मारू, जो विद्यालय में ही अध्यापक हैं वे राजेंद्र पांचाल और हमारे उभय मित्र हैं। शंकर लाल जी शर्मा, जो इस बाल विद्यालय के निदेशक हैं, वे भी बहुत मिलनसार और ख़ुशमिज़ाज व्यक्ति हैं। वन-विहार में जाने के प्रस्ताव की मुझे ख़ुशी थी। ख़ुशी के कई कारण थे, एक तो मुझे विद्यार्थियों और विद्यालयों में काम करने वाले लोगों से मिलना और बात करना अच्छा लगता है, दूसरा यह शिविर चंबल नदी के किनारे स्थित हाड़ौती की प्राचीन नगरी केशवराय पाटन में 'राज राजेश्वर

मंदिर' के परिसर में था। मुझे नदी, प्राचीन नगर, वन प्रांतर, सदैव आकर्षित करते हैं। मैं इनके प्रवास का कोई अवसर छोड़ना नहीं चाहता, मैंने तुरंत हामी भर दी और कहा—"ज़रूर आऊँगा।" मैं शरद ऋतु की नदी किनारे वन प्रांतर की संध्या और उषा के दर्शन करना चाहता था।

बहुत दिन नहीं हुए, कुछ दिन पहले ही केन्द्रीय साहित्य अकादेमी की राजस्थानी सलाहकार समिति के संयोजक, राष्ट्रीय नाट्य विद्यालय के उपाध्यक्ष, हमारे मित्र ख़ैरख़्वाह अर्जुनदेव जी ने सूचना दी कि तारीख़ 23-24 अक्टूबर को कोटा में महाकवि सूर्यमल्ल मिसण की दो सौवीं जयंती के उपलक्ष्य में एक संगोष्ठी आयोजित की जाएगी, सूर्यमल्ल जी के व्यक्तित्व व कृतित्व पर। उस गोष्ठी में मुझे बीज भाषण देना है। ओम नागर राजस्थान के सलाहकार समिति का सदस्य होने के नाते इस आयोजन की स्थानीय व्यवस्थाएँ देख रहे थे। अब जब तक ठीक से इस तरह का बीज भाषण तैयार न हो जाए कि जिससे विद्वतजनों के बीच कम-से-कम भद्द न उड़े, तब तक वन-विहार में कैसे जाया जा सकता था। निश्‍िंचत होकर सब तय होने के बावजूद 21 तारीख़ टली। उस दिन, हमारे बाँसवाड़ा के पुराने कवि मित्र बृजमोहन तूफ़ान भी आए थे। उनसे मिलकर पुराना बाँसवाड़ा प्रवास का समय स्मरण साझा किया, अच्छा लगा लेकिन परचा पूरा कर पाना और वन-विहार में जाना मुल्तवी हो गया।

22 तारीख़ को वन-विहार में जा सकूँ, इसलिए 21 की देर रात तक जागकर परचा पूरा किया।

21/10/2016

❐

अक्षय तृतीया

ऐसा कौन हो सकता है, जो नंद बाबू से मिला हो और उन्हें भूल जाए। कठिन समय की अगर कोई मूल्यवान कसौटी है, तो वह है हँसना।

नंद बाबू ओढ़ी हुई उदास, औपचारिक गूढ़ता की मूढ़ता के गुब्बारे में कभी भी हँसी की पिन चुभोकर उसकी हवा निकाल सकते थे। वे एक सयानी जिद थे, हँसी की। वे समता के पक्ष में और गैर-बराबरी के ख़िलाफ़ खड़े रहे उम्र-भर। सामंती राजे-महाराजे और प्रजातंत्री रानियों-महारानियों के सामने।

उनकी कविता, उनका गद्य और उनके भाषण कहना ही क्या! जो जानते हैं, वे जानते हैं कि कितना कुछ कहा गया है और कितना कहा जा सकता है। जितने लोग उनकी कविता, उनका गद्य और उनके भाषण को पसंद करते थे उससे कहीं ज़्यादा उनके प्रशंसक थे, उनकी बेबाक टिप्पणियों और हँसोड़ स्वभाव के। वे कभी भी, कहीं भी, किसी को भी उतार सकते थे।

बनावटी लोग उनसे ज़रा बचते थे और पाखंडी कुछ सहमे-सकुचे से रहते थे। डरते हों तो भी कह नहीं सकते।

वे अपनी चुटीली चुहल से किसी को भी धो डालते थे, हँसते-हँसते। मज़ा तब और भी आता था जब धोने के बाद वे उसे धीरे-धीरे निचोड़ते थे। वे साफ़ निर्मल धुले हुए, इस्तरी किए हुए कपड़े पहने ताज़गी से खिले-खिले फरफराते रहते थे।

उनके मित्रों की सूची बड़ी थी या श्रृंखला, यह कहना मुश्किल है। इस ग्राफ में हर उम्र के लोग थे, नए भी पुराने भी। लगता है त्रि-आयामी होगा उनका मित्र मंडल या बहुआयामी?

वे कहते थे मौलिक कुछ भी नहीं होता सिवा मूर्खता के। उनकी सोहबत के कई किस्से अभी भी लोगों को मोदक के स्वाद की तरह याद हैं। और उनकी व्यंजनाओं की ख़ुशबू, ठहाकों की खनक। कई गम्भीर मूढ़ों को उनका बात बे-बात हँसाना अखरता था।

नंद बाबू ने इसकी क़ीमत चुकाई और बेपरवाह रहे।

वे शास्त्रीय समीक्षकों की समालोचना की अंक तालिका देखकर परीक्षा परिणाम जारी कर देते थे। समीक्षक फेल–अनुत्तीर्ण!

रचनाओं के मापदंड निर्धारित करने वाले शिक्षकों को वे चुनौती देते थे, कहते थे–"गुसांई जी! आपको तो श्रेष्ठ रचना के सभी गूढ़ तत्त्व, मूल मंत्र ज्ञात हैं तो क्यों नहीं एक आदर्श रचना गढ़कर साहित्य जगत् के मुँह पर मार देते?"

एक रचना गोष्ठी के प्रायोजक ने जब नाश्ता करके विदा होते समय नंद बाबू से पूछा–"नंद बाबू गोष्ठी कैसी रही?" तो नंद बाबू ने अपने अंदाज़ में उत्तर दिया–"हलुआ बहुत अच्छा था।"...और फिर उसके बाद बड़ी देर मित्रों के बीच हलुआ महकता रहा।

एक बूढ़े परंपरावादी विद्वान के अपने भाषण में, लेखकों को 'परकाया प्रवेश' का गुरुमंत्र देने पर श्रोताओं में कम उम्र के छोरों बीच बैठे नंद बाबू ने फुसफुसाकर जो टिप्पणी की, उसे सुनकर हँसी के मारे ऐसा बुरा हाल हुआ कि पूछो मत, उठकर हॉल के बाहर जाना पड़ा।

इन दिनों प्रकृति अपने आप को पुनर्नवा कर रही है। आज 'अक्षय तृतीया' है, सावों की धूम है। लगता है नए पुराने सारे वृक्ष सज-धजकर किसी विवाह समारोह में जाने की तैयारी कर रहे हैं।

तिथि के अनुसार नंदबाबू की जन्मतिथि अक्षय तृतीया है। मैं अपने समय के अपने अग्रज कवि को सादर स्मरण करते हुए, अपने आप को पुनर्नवा करता हूँ। अपने समस्त मित्रों की रचनात्मक संवेदना की सहभागिता के साथ।

❑

कथा सुकवि सूर्यमल की

पिछले कई दिनों से कुछ भी लिखना कहाँ हो पा रहा है, रोज़नामचा भी नहीं। ऐसा नहीं कि वक़्त नहीं मिलता, यह तो एक बहाना है। दरअसल 'पित्ता' गलता नहीं। अम्मा बोलती थी, पित्ता। पीता माने पित्त होता होगा, नहीं तो चित्त या मन होता होगा। मतलब कि मन एकाग्र नहीं होता। ये तो चंचल है किसी एक काम में देर तक लगना ही नहीं चाहता। मन लगाना, मन मारना तो बड़े-बड़ों से नहीं होता। जो मन लगाकर कुछ कर पाते हैं सचमुच वे बड़े साधक हैं, वे ही सिद्ध होते हैं। अपने स्तर का सत्य तो यही है कि करना (अर्थात लिखना) और मरना बराबर है। अगर लिखना मरना है तो अपनी–

'मरिबो छाँडि दूसर गति नाहिं'॥

जयपुर गए थे, राजेंद्र पांचाल के नाट्य दल के साथ। नाटक था–'कथा सुकवि सूर्यमल की।' राजेंद्र पांचाल मित्र हैं हमारे। राजेंद्र पांचाल के बारे में थोड़ा बहुत बताना ठीक रहेगा। जितना पता है बताते हैं; राजेंद्र राजस्थान के कोटा जिले के एक छोटे गाँव सुल्तानपुर से आते हैं। शुरू से संगीत के प्रति आकर्षण था सो 'स्पिक मेके' से जुड़े। उसी की बदौलत कुछ वक़्त हबीब तनवीर की शागिर्दी मिली, फिर एन.एस.डी. चले गए। वहाँ से निर्देशन में सनद ली। दिल्ली-मुंबई जा सकते थे, नाटकों, फिल्मों में कोशिश कर सकते थे लेकिन न तो गए, न ही ट्राई किया। कोटा ही रहने लगे इस संकल्प के साथ कि यहीं नाट्यकर्म के लिए कुछ करूँगा। फिर कोटा भी नहीं जमा तो कोटा का मकान बेचकर कोटा के पास ही एक छोटे गाँव– रोटेदा में जा बसे। आज भी वहीं रहते हैं। कुछ निष्ठावान युवा कला साधक भी उनके सानिध्य में वहीं कला-सत्य के शोधन की साधना करते हैं। और भी बहुत कुछ कहा जा सकता है, फिलहाल इतना ही। वे ही इस नाटक के निर्देशक थे। पिछले कई दिनों से हमारी कॉलोनी में ही–नाटाणी भवन में रिहर्सल चल रही थी। आँतरे-पाँतरे शाम को मैं भी कुछ देर चला जाता था। बहुत मेहनत करते हैं ये लोग। राजेंद्र जी का कहना था–"जयपुर में शो है, आप भी चलो।"

कार्यक्रम 24 सितंबर को था। 23 की रात की ट्रेन से जाना था। शो के बाद, 24 की रात को ही ट्रेन से वापस लौटना था। मुझे जयपुर थोड़ा काम भी था। पहले सोचा 24 को सुबह चला जाऊँगा, फिर ख़याल आया क्यूँ नहीं नाट्य दल के साथ ही चला जाए। यही विचार कर रात को साढ़े ग्यारह बजे जाने वाली ट्रेन के लिए पौने ग्यारह बजे के क़रीब स्टेशन पर पहुँच गया। कलाकार आने लगे थे। अंदर प्लेटफार्म पर न जाकर बाहर ही खड़े हो गए।

मेरा ध्यान बग़ल में बैठे एक यात्री समूह की तरफ़ चला गया। सामानों के पास ही चादर बिछाकर, बाहर खुले में अच्छा लगेगा यह सोचकर यहाँ बैठे थे शायद वे लोग। चार पुरुष, पाँच स्त्री। युवा-अधेड़। पुरुषों के पेट स्त्रियों से बड़े थे। बातचीत से अंदाज़ा लगाया मालवा के हैं। चर्चा पर कान दिए, अनुमान सही निकला, उन्हें इंदौर मेल से जाना था। ट्रेन बारह बजे थी, खाना-पीना चल रहा था। एक युवा स्त्री चाक़ू से एप्पल काट रही थी। उसने एक-एक फाँक अपने पास बैठी स्त्रियों को दी। और ज़्यादा बड़ा हिस्सा ख़ुद के लिए रख लिया, जो बाद में दाँत से कुतर-कुतरकर खाया। दो फाँकें एक पुरुष को दीं। वय और व्यवहार से वह उसका पति लग रहा था। उनकी बातों का विषय भोजन ही था। एक महिला किसी भोज का वर्णन कर रही थी। दाल, बाफला-चूरमा, सलाद वगैरह। उस भोज में किसी आगंतुक ने ख़ूब खाया होगा, उसी का वृत्तांत कह रही थी। बातचीत के आख़िरी हिस्से में उसके पादने का प्रसंग आया, जिसका उन्होंने ख़ूब खुलकर हँसते हुए आनंद लिया।

जीवन यदि एक यात्रा है, तो इसमें आने-जाने वाली ट्रेनों, स्टेशनों, प्लेटफार्मों, मुसाफ़िर ख़ानों और मुसाफ़िरों का भी महत्त्व कम नहीं है। पर सभी को सबसे ज़्यादा फिकर सिर्फ़ अपनी सीट की रहती है। नाट्यदल का आरक्षण पहले से ही था, थर्ड एसी में। लेकिन मेरे पास साधारण टिकिट था। चर्चा हो चुकी थी कि ट्रेन में टी.टी. से कहकर आरक्षण (बर्थ) ले लेंगे। टी.टी. आया, उसने अपनी लिस्ट को टिक भी किया पर न हमसे कुछ पूछा उसने, न हमने उससे कुछ कहा। इतने सारे लोगों के सामानों में एकाध दागिना बढ़ भी जाए तो क्या फ़र्क़ पड़ता है। वार्धक्यता के कारण नीचे की बर्थ मिली मुझे और मांगीलाल जी को। मांगीलाल जी की उम्र तो इतनी नहीं है पर शरीर थोड़ा भारी है। नाट्य दल के संगीत से जुड़े हैं। हारमोनियम बजाते हैं, गाते भी हैं, राव हैं। माँगरोल के हैं। शिक्षा-अभ्यास झलकता है। काफ़ी जानकारी भी रखते हैं संगीत की। स्वर बहुत सुदृढ़, मधुर और सधा हुआ है, जिसमें ज़रूरत मुताबिक़ तर्ज और लय भी साध लेते हैं। रेंज अच्छी

है। राजेंद्र जी और मेरा मत था हमारे कस्बों और गाँवों की प्रतिभाओं को ठीक से प्रशिक्षण, प्रश्रय नहीं मिल पाता। मिले तो कला-प्रदर्शन की बाज़ारू दुनिया में बैठे कई नामधारी कलाकारों से बेहतर प्रतिभा वाले कलाकार हमारे यहाँ छिपे हुए हैं। उन्हें यदि हम आगे नहीं पहुँचा सकते तो भी कम-से-कम अपने स्थानीय स्तर पर (बावजूद उनकी कुछ स्थानीय ग्रंथियों, कई कुटेवों के) उन्हें पहचानना, कंसीडर करना और सराहना ज़रूर चाहिए।

दुर्गापुरा, ट्रेन भोर-तड़काव में ही पहुँच गई। सामान लेकर दलबल सहित, प्लेटफार्म से बाहर आए। जवाहर कला केंद्र, जहाँ नाटक का प्रदर्शन था उनकी तरफ़ से बस की व्यवस्था थी। राजेंद्र जी ने फ़ोन कर दिया था। बस के आने में जितनी देर लगी उतनी सी देर में हमने चाय पी ली। मोटर में बैठकर जवाहर कला केंद्र आए। राजेंद्र जी और मैं एक कमरे में थे। लगभग 2-3 घंटे सोए। उठकर चाय पी, नहा-धोकर, नाश्ता करके मैं अपने काम से चला गया। तीन बजे लौटा।

नाट्य दल-मंच पर जहाँ नाटक होना था, अपनी रिहर्सल की तैयारी कर रहा था। स्टेज जम चुका था। नाटक सात बजे होना था। आते ही खाना खा लिया। थोड़ी देर बाद, सभी अपने ठहरने के स्थान पर जो उसी परिसर में था, आ गए। कुछ देर निद्रा, विश्राम ज़रूरी है। ऐसा राजेंद्र जी ने कहा-'नाटक प्रदर्शन में जितनी ऊर्जा लगती है, उस हिसाब से प्रदर्शन के पहले मन को विश्राम देकर यदि कुछ ऊर्जा संचित कर ली जाए तो बुरा नहीं है।'

शाम को छः बजे, बन-ठनकर वापस प्रेक्षागृह में आ गए। राजेंद्र जी और कृष्णा जी जवाहर कला केंद्र की नई निर्देशक की तारीफ़ कर रहे थे। मंच के प्रबंधक भी। साथ ही यह भी कि उनके अनुशासन, सक्रियता और अंतरराष्ट्रीय स्तरानुकूल अपेक्षा से कई लोगों को परेशानी महसूस हो रही है। अपनी पुरानी जीवनशैली और चल रहे ढर्रे में परिवर्तन होने से हर किसी को थोड़ी बहुत दिक़्क़त परेशानी महसूस होती ही है। हॉल में ए.सी. की शीतलता थोड़ी ज़्यादा थी।

काँसे की झालर को लकड़ी के डंके से ठोंककर झालर वाले ने एक घंटा बजाया। जैसे पहले स्कूलों में बजते थे, अब पता नहीं बजते हैं या नहीं। मंदिरों में आरती के समय भी अब तो स्वचालित यंत्रों से बजते हैं झालर-घंटे। घंटा बजाने वाले से पूछा था, तो उसका कहना था कि नाटक के शुरू होने के पंद्रह मिनट पहले, एक घंटा। पाँच मिनट पहले, दो घंटे। तीन घंटे...और नाटक शुरू। हम तो

तीसरा घंटा बजने से पहले ही अंदर आ बैठे थे, प्रेक्षागृह में। कृष्णा जी भी आई थीं। राजेंद्र जी की सहधर्मिणी...पेंटर हैं। राजस्थान विश्वविद्यालय में चित्रकला की प्राध्यापिका उनके साथ बेटा ऋषभ भी। बाहर तीन घंटे बजे होंगे। हमने नहीं सुने, पर नाटक ठीक समय पर शुरू हो गया।

नाटक में तीन भाषाएँ प्रयुक्त की गई हैं। राजस्थानी (हाड़ौती), हिंदी और अंग्रेज़ी।

सूर्यमल्ल का अभिनय देवेंद्र खटाणा ने किया बहुत परिश्रमी कलाकार हैं। उनका प्रशिक्षण और परिष्कार राजेंद्र जी ने बहुत अच्छा किया है।

तत्कालीन राजा राम सिंह (राजेश राय) सहित सभी कलाकारों की प्रतिभा और परिश्रम से तैयार किए गए इस निर्बाध नाटक ने अस्सी मिनट तक दर्शकों को बाँधे रखा। लगभग हर दृश्य-बंध पर तालियाँ बजीं। संगीत, अभिनय, मंच, संरचना, दृश्य संयोजन, सबकुछ स्तरीय और सुनियोजित तथा सराहनीय था। नि:संदेह नाट्य कर्म के प्रति इस दल (पेराफिन ग्रुप) की यह निष्ठा स्वाभाविक सराहना की हक़दार है।

बूंदी राज्य और अंग्रेज़ों की संधि। सूर्यमल्ल का स्वभाव, उनका मनमौजीपन, आनंदानुराग, विद्वता, गुणज्ञता, रसिकता, व उनके ग्रंथ प्रणयन की घटनाओं से नाटक धीरे-धीरे विकास करता है।

इसी बीच बूंदी के महाराज कुँवर की शादी उदयपुर में, रूठकर सूर्यमल्ल जी का रतलाम अपने मित्र के यहाँ आना। वहाँ उनका भरपूर मान-सम्मान होते रहने के उपरान्त भी, वर्षा ऋतु में सूर्यमल्ल जी के बूंदी के मोरों और राम सिंह की याद में विरह विकल हो उठने के प्रसंग को, कवि के करुण और रूमानी स्वभाव को, इस नाटक में जिस चातुर्य और सांगीतिक कौशल के साथ संयोजित-निर्देशित किया है वह बहुत ही हृदयस्पर्शी है। एक कवि के चरित्र को स्मृति (याद) के प्रसंग में ऐसा काव्यात्मक बना देना कि दर्शकों को अपने देश-काल को भुलाकर नाटक के असली रसानंद में डुबो देने में सक्षम है।

इस दृश्य-बंध के प्रभाव से अभी दर्शक मुक्त नहीं हो पाते हैं कि इसके विपरीत भाव के दृश्य-बंध का नियोजन दर्शकों के मानस को उद्वेलित कर, उन्हें तालियाँ बजाने को विवश कर देता है।

सूर्यमल्ल जब रतलाम से बूंदी जाने के लिए उद्धत होते हैं तो उनके मेज़बान मित्र रतलाम के राव राजा बलवंत सिंह किसी भी तरह से इस गुणी कला रत्न को,

खो न जाए, इस प्रयोजन से अपने यहीं रोकने का प्रबल प्रयत्न करते हैं। वे अपने दो नुमाइंदे पच्चीस हज़ार की जागीर की पेशकश के साथ भेजते हैं ताकि सूर्यमल्ल जी किसी भी तरह रुक जाएँ। सूर्यमल्ल उस काल के इतने बड़े प्रलोभन को भी अपने आंतरिक अनुराग की आकांक्षा और अनन्य मित्र राजाराम सिंह की मित्रता के बुलावे के समक्ष स्वीकार नहीं करते। तब वे नुमाइंदे, जो बलवंत सिंह जी ने भेजे थे वे अनायास अथवा सप्रयोजन यह कह देते हैं कि–"देखिए! सूर्यमल्ल जी! आप मान जाइए और रुक जाइए इतनी बड़ी जागीर आपको दी जा रही है। ऐसा दातार, ऐसा देनहार आपको दूसरा नहीं मिलेगा।" इतना सुनते ही सूर्यमल्ल जी के तन-बदन में आग लग जाती है। उनका स्वाभिमान सुलग उठता है और उनके मुख से मानो ज्वालाएँ फूटने लगती हैं। वे कहते हैं–"मुँह सँभाल कर बात करिए। ऐसा क्यों कहते हो? धरती बहुत बड़ी है इस पर एक से एक बड़े दानी हुए हैं क्या कोई दधीचि, शिवि और कर्ण-सा दानी होगा?" इनके उदाहरण देते हुए सूर्यमल्ल जी भावातिरेक में अपने स्वाभिमान की सीमा-रेखा पर आकर कहते हैं–"धरा बहुत बड़ी है, देने वाले दातार तो बहुत मिल जाएँगे संसार में पर तुम्हें मेरे जैसा नटणहार, मना करने वाला दूसरा नहीं मिलेगा।"

"म्हां तो बूंदी जास्यां" (हम तो बूंदी जाएँगे)। यह चरमोत्कर्ष दर्शकों को एक बार पुनः मोहित कर तालियाँ बजाने के लिए विवश कर देता है।

देश में स्वतंत्रता संग्राम के प्रथम चरण का दौर है। दिल्ली के बादशाह बहादुर शाह ज़फ़र, जनता को अंग्रेज़ों के विरुद्ध खड़े होकर मैदान में कूद पड़ने का फरमान जारी करते हैं। तात्या टोपे मालवे से राजस्थान की तरफ़ कूच कर रहे हैं। कोटा और बूंदी की जनता बागी होकर आंदोलनरत है। सूर्यमल्ल तो वैसे ही युद्धप्रिय, स्वतंत्रताकामी क्रांति-चेता कवि हैं, वे चाहते हैं कि क्रांति सफल हो। बूंदी के राजा और प्रजा इस स्वतंत्रता संग्राम में शामिल हों। बूंदी के राजा पहले तो तात्या टोपे के संदेश की प्रतिक्रिया में स्वतंत्रता संग्राम के समर्थन की बात करते हैं, किंतु बाद में अंग्रेजों की कूटनीतिक संधि के वशीभूत विवशता में अंग्रेज़ों का साथ देते हैं। अपने साथी, संरक्षक, मित्र राजा के व्यवहार से हतप्रभ, सूर्यमल्ल आहत और क्षुब्ध हो जाते हैं। उनका क्षोभ तब और भी बढ़ जाता है, जब राजा राम सिंह उन्हीं के आग्रह पर सूर्यमल्ल द्वारा रचे जा रहे ग्रंथ वंश भास्कर को (ग्रंथ में, अपने पूर्वजों के गुण-दोष उल्लेखित किए जाने और स्वयं के गुण-दोष बखाने जाने की आशंका से) लिखना बंद कर देने का आदेश दे देते हैं। कवि की सुविधाएँ, वज़ीफ़ा आदि

देना तो दूर उनसे मिलने की बात करने के अवसरों से उन्हें वंचित कर देते हैं। उन पर किसी कारण से दंड (जुर्माना) तक आयद किया जाता है।

क्रांति की लड़ाई में साथ न देकर विश्वासघात करने व इस तरह के उपेक्षित, अनुचित व्यवहार से उत्पन्न, क्षोभ, क्लेश, कष्ट के आघात को सूर्यमल्ल सहन नहीं कर पाते और इसी विषण्ण विषाद के एकांतिक घटाटोप में कवि की जीवन ज्योति समाप्त हो जाती है। इसी कारुणिक प्रसंग में उन्हें श्रद्धांजलि अर्पण करते हुए, नाटक समाप्त हो जाता है। अनथक, अबाध, अस्सी मिनट। अनवरत तालियाँ। एक अनूठा और अविस्मरणीय अनुभव।

तत्कालीन देशकाल के विषम घटनाक्रमों की वजह से एक रचनाकार कवि के जीवन में होने वाले अंतरसंघर्ष की नाटक के रूप में इतनी कलात्मक प्रस्तुति इस व्यावसायिक युग में अपने कथ्य और नाट्य शिल्प की दृष्टि से निःसंदेह एक महत्त्वपूर्ण उपलब्धि है।

जवाहर कला केन्द्र में भोजन किया और वापस बस में सामान धरकर स्टेशन पहुँचे। ट्रेन में विलम्ब है। संयोग, फिर से वही डिब्बा, वही सीट। बातें, बहुत सारी बातें। सुबह कोटा पहुँचे वापस वही जीवनचर्या। ये सब न भी कहा जाए तो ऐसा कुछ भी नहीं है, जो हो जाएगा या होने से रह जाएगा।

05/10/2016

❒

सियाराम

1

सियाराम नाम है उसका। सियाराम केवट। पहले तो वो धीरे-धीरे बोल रहा था, शक खुला तो फर्राटे से बोलने लगा।

31 जनवरी की शाम को हम अंता गए। मैं, इंदिराजी, पल्लवी और मौलि। मेरे छोटे भाई दिनेश के पुत्र नतिन और पुत्री क्षमा की शादी थी। नतिन की 05 फरवरी को क्षमा की 28 फरवरी को। 01 फरवरी को गणेश स्थापना और लग्न लिखे-पढ़े जाने का कार्यक्रम था। घर पर गुंजाइश थोड़ी कम है इसलिए भोजन बनाने, चाय वगैरह की व्यवस्था पड़ोस में अनंत नारायण के मंदिर पर थी। वहीं हुई थी सियाराम से मुलाक़ात। एक तारीख़ को सियाराम ने ही बनाया खाना।

सीसवाली के पास गाँव है सियाराम केवट का, सोनवा। कालीसिंध के किनारे। 'कालीसिंध' चंबल की सहायक नदी। "केवट तो मल्लाह यानी नाव चलाने वाली जाति है। फिर सियाराम खाना बनाने के काम में कैसे आया?" मैंने पूछा तो सियाराम ने बताया कि उसने आठ बरस तक सीसवाली थाने में खाना बनाया है–बतौर लांगरी। घर से ग़रीब था सियाराम। पाँच भाई, थोड़ी-सी ज़मीन। बड़े भाई की दुकान थी, थाने के पास।

थाने से पहले बिजली वाले एक साहब के यहाँ भी रहा सियाराम। वे विकलांग थे, उनको घर के काम-काज के लिए किसी मददगार की ज़रूरत थी। उन्होंने बड़े भाई से कहा, तो बड़े भाई ने सियाराम को उनके यहाँ रखवा दिया। उम्र कम ही थी उस वक़्त, खाना तो क्या बनाता। घर के इधर-उधर के काम कर लेता बालक सियाराम। धीरे-धीरे खाना भी बनाने लग गया, उन्हीं से सीखा। ऐसे ही होशियार होता गया, काम में।

फिर किसी दिन थाने के मेस में लांगरी की खोज हुई तो सियाराम थाने में आ गया। थाने का दस-बारह का स्टाफ। कभी कम, कभी बेशी।

एक बार बाराँ जिले की एस.पी. विनीता ठाकुर आईं सीसवाली थाने का मुआयना करने। थाने में सियाराम सैंदा था सबसे। सैंदा माने परचा हुआ। थाना इंचार्ज से कहा—"बाबू साहब! वे आएँगी मैडम! सख़्त बताते हैं। अपने तो मालख़ाने में जाले आ रहे हैं।" सियाराम ने ही आगे होकर मालखाने की सफ़ाई की। सब सामान ठीक से जमाए। जाले-वाले साफ़ करके, सफ़ाई करके बाहर आए ही थे कि मैडम आ धमकी। आते ही कहा—"मालख़ाना दिखाओ।" मालख़ाना देखा। मामला ठीक-ठाक था, कुछ नहीं कहा। एक सिपाही की पैंट थोड़ी-सी नीचे से मुड़ रही थी। उसकी ऐसी ख़बर ली कि कुछ पूछो मत। राइफल दोनों हाथों पर ऊँची उठवा कर थाने के मैदान में कई चक्कर लगवाए।

फिर पूछा—"लांगरी कौन है?"

सियाराम बोला—"मैं हूँ।"

पूछा—"खाना कैसा बनाते हो?"

"बढ़िया बनाता हूँ, मेम।"

और भी बातें पूछी फिर बोलीं—"अच्छा खाना बनाओ, हम खाएँगे।"

सियाराम ने लहसुन-प्याज का मसाला भूनकर, गरम मसाला डालकर, बेसन गट्टे बनाए। मैडम ने ख़ुश होकर पाँच सौ का नोट दिया। उस समय पूरे जिले में दो ही लांगरी फर्स्ट आए थे। एक नाहरगढ़ का और दूसरा सीसवाली थाने का—सियाराम।

थाने के मेस के इंचार्ज हेड साहब बढ़िया आदमी थे। थाने में ही क्वॉर्टर था उनका। सियाराम कभी-कभार उनका घर का काम भी कर देता था छोटा-मोटा। थाने में ही एक और एस.आई थे—हंसपाल जी। उनका स्वभाव थोड़ा ठीक नहीं था। हेंकड़ी दिखाते थे। कभी सियाराम को कोई पर्सनल काम भी बताते। सियाराम कभी कर देता कभी नहीं कर पाता, इससे वो नाराज़ से रहते। एक बार मेस के इंचार्ज हंसपाल जी हो गए। उनके मन में सियाराम को लेकर खुन्नस थी ही, वो इधर-उधर के काम भी बताने लगे।

सियाराम बोला—"मैं लांगरी हूँ। बस मेस का काम है मेरा।"

बात-ही-बात में बहस बढ़ गई। हंसपाल जी बोले—"तू मुझे जवाब देता है।"

बात इतनी बढ़ गई कि थाना इंचार्ज तक पहुँच गई। उन्होंने कहा—"तू रिपोर्ट दे।"

"अब बाबू जी क्या रिपोर्ट देता। पानी में रहकर मगर से बैर, मैंने काम ही छोड़ दिया।"

"छावनी चौराहे पर चाँदनी हॉस्पिटल है। उसके जो मालिक हैं पैसे वाले आदमी हैं। उनका कुंभ के मेले में मुक़ाम रहा। उन्हें ज़रूरत थी, खाना बनाने वाले की। मैं वहाँ रहा, पूरे कुंभ के मेले में उज्जैन। उनका भरोसा जम गया। अभी कोटा में उनका मकान है। पाँचवी मंजिल पर किचन है, वो मेरे ज़िम्मे है। बातचीत चलती है तो मैं सेठ जी से कहता हूँ–"मैं तो ग़रीब आदमी हूँ।"

सेठ जी कहते हैं–"तू हमारे बीच उठता-बैठता है। तू ग़रीब है क्या? हमारे बराबर का आदमी है। सेठ जी इज़्ज़त देते हैं तो अच्छा लगता है।"

एक हज़ार आदमियों तक का खाना अकेला बना लेता है सियाराम, जैसा भी खाना हो। हेल्पर लगा लेता है, अभी 'दिलख़ुश' है उसके हाथ के नीचे। दिलख़ुश दसवीं पास है। नया लड़का है, सेवा में लगा रहता है। कई बार चाय बनती है। जब ज़रूरत हो। सबको पिलाते हैं दोनों, प्रेम भाव से। मैंने मज़ाक़ किया–"वाह सियाराम! तुम तो पढ़े-लिखे नहीं हो लेकिन तुम्हारा असिस्टेंट दसवीं पास है।" सियाराम हँसा और दिलख़ुश भी। जो बात दिलख़ुश को समझ नहीं आती वो उस पर भी हँसता है।

एक तारीख़ को सुबह के खाने में सियाराम ने पूरी, आलू की झोलदार सब्जी, पत्तागोभी-गाजर, मटर की सूखी सब्जी और लपसी बनाई। खाना अच्छा संतुलित और स्वादिष्ट था। शाम के खाने में सभी चपाती खाना चाहते हैं, सो चपाती और मेथी-पालक की सब्जी बनेगी।

गढ़ से लौटते वक़्त कुछ देर अनंत नारायण के मंदिर में बैठकर सियाराम से जब ये बातें हो रही थीं तब सियाराम मेथी-पालक धोकर काट रहा था। हमारे लिए चाय दिलख़ुश बना रहा था। मैंने कहा–"मेथी-पालक में टमाटर मत डालना।" बातों-बातों में मैंने आगे पूछा–"कल क्या बनाओगे सियाराम?"

वो बोला–"आप बताओ, वो ही बना लें।"

मैंने कहा–"गट्टे बनाओ वैसे ही, जैसे तुमने विनीता ठाकुर के मुआयने के वक़्त बनाए थे।"

वो राजी हो गया। शाम को उसने मेथी-पालक की सब्जी और तवे पर बहुत अच्छी चपातियाँ बनाईं। खाना स्वादिष्ट था। सुबह की सब्जी और लापसी भी उसने

वपरा दी। सुबह उसने गट्टे बनाए होंगे या नहीं। पता नहीं हम तो रात को ही कोटा आ गए थे।

दूसरे दिन कोटा से वापिस आकर अनंत नारायण के मंदिर में खाना खाते वक़्त पता चला गट्टे बने ही नहीं। सियाराम ने बात साधी–"आप नहीं थे इसलिए हमने गट्टे नहीं बनाए। फिर उसी ने बताया कि हमारे पास कई तरह की, थोड़ी-थोड़ी सब्जियाँ बची हुई थीं सो सबको मिलाकर एक मिक्स सब्जी बना ली।

कल रात को दिलख़ुश और सियाराम मोटर साइकिल से अपने गाँव चले गए थे, सुबह सात बजे ही लौट आए। आते वक़्त छाछ लेते आए। उनके गाँव में केवट और गुर्जर ही ज़्यादा रहते हैं। गुर्जर पशुपालक हैं। पशु तो सियाराम के घर में भी हैं। छाछ की कढ़ी, चावल, पत्ता गोभी की सब्जी, दाल, रात के बचे भरवाँ बैंगन, गरम चपाती। खाना वाकई अच्छा था। मैंने सुबह कोटा में प्याज की कचोरी खा ली थी, भूख तो न थी, फिर भी सत्तू के साथ कुछ खाया। शाम को खाने के वक़्त सियाराम से फिर बात हुई। दिलख़ुश ने पहले ही बता दिया था कि खाने में दाल है। गाजर-मटर की साग और सुबह की कढ़ी।

मेरे मन की बगिया में कल-कामना का एक पुष्प ये भी खिला था, कि अगर संभव हो तो आज रात मैं सियाराम के साथ मोटर साइकिल से उसके गाँव हो आऊँ। उस दिन शाम के खाने में सत्तर आदमियों ने खाना खाया। सियाराम ने अकेले सबके लिए आटा लगाकर रोटियाँ बनाकर सेकी। देर हो गई, मैं उनके साथ नहीं जा सका। सुबह जब वे वापस आए तो बातों से ही जाना कि रात जब वे गए आसमान में चाँदनी न थी। रास्ते में कभी रोझ, नीलगाय, सड़क पर आ जाते हैं। अचानक टकराने का डर रहता है और दुर्घटना का ख़तरा भी। एक बार ख़ुद सियाराम के साथ गुज़री। सड़क पर अचानक एक रोझ आ टकराया। उसके पेट पर लगी मोटर साइकिल। रोझ सड़क पर, रोझ पर सियाराम और सियाराम पर मोटर साइकिल। रोझ की एक टाँग मोटर साइकिल के पहिए में फँस गई। वो कोशिश करे पर निकले नहीं। सियाराम के तो ख़ुद के होश गायब थे। अचानक रोझ ने टाँग निकाली और वो भाग गया। सियाराम भी उठ खड़ा हुआ। एक छोटी अँगुली में लगी, और कहीं नहीं। मैंने कहा–"रोझ के भी कुछ नहीं हुआ और तुम्हें भी।" वो हँसा, मैं भी हँसा और दिलख़ुश भी।

मैंने उससे नदी के बारे में पूछा–"नदी तुम्हारे घर से कितनी दूर है?"

उसने बताया–"पास ही है। बरसात में तो गाँव में ही आ जाती है। उधर नदी के उस पार कोटा जिले का गाँव हैं, जहाँ लोग आते-जाते थे। ज़्यादातर लोग खेती ही करते हैं। खेती भी कितनी-कितनी सी। एक बार आधे गाँव के केवटों ने मिलकर नाव डाली थी। कुछ पाले नहीं पड़ा।" मतलब कुछ मिला-मिलाया नहीं। "नदी पर पुल बना तो सभी नावें बह गईं।" यह वाक्य सियाराम ने सहज ही बोल दिया, मुझे ईर्ष्या हुई। क्या मैं कभी ऐसी कोई काव्य पंक्ति लिख पाऊँगा–"नदी पर पुल बना तो सभी नावें बह गईं।"

मैंने वैसे ही सियाराम से पूछा–"नदी, कभी कुछ बोली तुमसे?"

सियाराम चौंका, हँसकर बोला–"नदी कैसे बोलती हमसे?" मानो वह पलटकर मुझसे ही पूछ रहा हो। मेरी बात सुनकर जो मेहमान लोग पंगत में बैठे थे, वे भी हँसे। जैसे नदी के बोलने के मर्म के रहस्यात्मक आनंद को जानने और समझने में सक्षम हों। सियाराम और दिलख़ुश दिल खोलकर हँसे। सोच-सोचकर, समझ-समझकर, रह-रहकर हँसे।

"नदी बोलेगी? कैसे बोलेगी?" सियाराम ने दिलख़ुश से कहा–"देख ले दिलख़ुश साहब परीक्षा ले रया छै आपणी। विनीता ठाकुर ने ली छी उस्याँ।" (देख दिलख़ुश साहब परीक्षा ले रहे हैं अपनी। विनीता ठाकुर ने ली थी वैसे ही)

मैंने मन-ही-मन कहा–"मैं क्या किसी की परीक्षा लूँगा। मैं तो ख़ुद-ही-ख़ुद की परीक्षा लेता रहता हूँ। ख़ुद ही अपने सवालों से अपने लिए असमंजस उपजाता रहता हूँ। जैसे शाम को बैठा-बैठा ये ही ख़याल कर रहा था कि चिड़िया क्या सोचती होगी उन लोगों के बारे में, जिनके घरों में या घरों के पास वाले पेड़ों पर ये घोंसला, डेरा-बसेरा बनाकर रहती हैं। ख़ासकर उन दिनों में जिन दिनों इन घरों में कोई पर्व, उत्सव, त्योहार, जश्न, शादी, भजन-कीर्तन, जागरण वगैरह होता है। ख़ूब सारे लोग इकट्ठे होते हैं, शोर मचाते हैं और रोशनी करते हैं, देर रात तक। क्या पता चिड़िया सो पाती होंगी या नहीं ठीक से। खलल तो पड़ता ही होगा उनके आराम में, शांति में। आदमी को किसने दिया ये अख़्तियार कि वो बिना पूछेताछे किसी की भी ज़िंदगी में ढीठता-पूर्वक दख़ल दे सके?

मैं नदी पिपासु सदा का, नदी के पास ख़ुद न जा सका तो सियाराम से बातों के सहारे कल्पना में ही नदी के बोलने की बात करने लगा। नदी बोलती तो क्या बोलती?...मैं तो इसी कल्पना से अभिभूत हूँ। सियाराम तो है ही नदी

के गाँव का। रात कितनी भी हो जाए, मुझे उम्मीद है सियाराम आज भी अपने गाँव ज़रूर जाएगा।

04 तारीख़ को सुबह कार्यक्रम था पर मुझे वृंदा मधुर को लेने कोटा जाना था। उनकी ट्रेन दोपहर में आने वाली थी। थोड़ी विलंब से आई। वापिस अंता गए तब गोलू और बिट्टू के यज्ञोपवीत का कार्यक्रम चल रहा था। 'मेधांश' में। शादी के मुख्य कार्यक्रमों के मेहमानों के ठहरने वगैरह के लिए, जो विवाह-स्थल किया गया था उसका नाम है–"मेधांश"। वहाँ कई कमरे और खुली जगह है। दिन में भी खाना यहीं था। शादी का मुख्य खाना दूसरे हलवाई ने बनाया। पूरियाँ थोड़ी चीठी थीं। सियाराम गाँव चला गया था।

गोलू (नतिन) की बरात बस से भिंड-मुरैना के इलाके 'अम्बाह' गई थी। गोलू की शादी बारात की तफ़सील रोज़नामचे में अलग से दर्ज़ है। लौटते में रुकते-रुकाते, खाते-पीते, सोते-ऊँघते, गाते-गुनगुनाते, अंताक्षरी करते-कराते बरात छह तारीख़ को सकुशल अंता आ गई।

सियाराम भी गाँव से वापस आ गया।

गाँव में चार बीघा की सरसों काटनी थी। एक दिन तो ख़ुद ही काटी, दूसरे दिन दो मजूर लगाए। दिलख़ुश की माँ, बहिन और साथ में सियाराम की पत्नी। सियाराम बिना पढ़ा-लिखा, निरक्षर है। उसकी घरवाली आठवीं पास है। पहले आँगनबाड़ी चलाती थी। फिर सरपंच थोड़ा ऐसा ही आ गया, उससे बनी नहीं सो उसने हटा दिया। अब गाँव पर चक्की चलाती है। सियाराम की घरवाली का नाम अनारकली है। सियाराम लिखना-पढ़ना नहीं जानता लेकिन अक्षर पहचान लेता है। दूसरों से भरवा लेता है। मोबाइल में नाम। सियाराम 'अ' पहचानता है, 'अ' से 'अनारकली।' उसने मेरा नंबर भी लिया है, क्या पता किस नाम से दर्ज़ करेगा। सियाराम के बेटे का नाम गणेश है।

सियाराम ने सात तारीख़ को सुबह चाय बनाई। मेधांश के कमरों में आवाज़ लगा लगाकर पिलाई सबको। घर पहुँचाने वाला सामान टेंपो में चढ़ाकर घर उतरवाया। पोहे का नाश्ता बनाकर खिलाया। बारह बजे के क़रीब दोपहर का खाना खिलाया। आलू की झोलदार सब्जी, पत्ता-गोभी, मटर की सूखी सब्जी और पूरी। जो बैठकर खाना चाहे खाए और ले जाना चाहे तो डिब्बे में पैक करके साथ दे दिया।

हमारी गाड़ी के कैरियर में ऊपर चढ़के कसकर सामान बाँधकर हमें रवाना किया।

मैंने और मधुर ने सियाराम की ख़ुशमिज़ाज शख़्सियत को नवाजने की कोशिश की। फिर मिलने की उम्मीद ज़ाहिर की और निकल पड़े, विदा हो लिए। देखिए अब कब मिलना हो।

07/02/17

2

क्षमा की शादी के मेहमान जुटने लगे।

अनंत नारायण के मंदिर में सियाराम और दिलख़ुश आ गए हैं। शाम के खाने की तैयारी कर रहे हैं।

सियाराम और दिलख़ुश ने खाना तैयार कर लिया था। वहीं बिठा कर सबको जिमा दिया। रात को घर पर औरतों का ढोलक के साथ गाना-बजाना चल रहा था। पता नहीं कितनी रात तक चले! अनंत नारायण के मंदिर पर जहाँ खाना था, वहीं दो गद्दे डाल, रजाई ओढ़कर सोना ज़्यादा मुनासिब था। रात को छोटे-छोटे मच्छरों ने काटा पर उन्हें अनंत नारायण के मच्छर समझ बरदाश्त करते रहने के सिवा चारा क्या था। हरि अनंत...। सियाराम और दिलख़ुश तो गाँव चले गए, सुबह आ जाएँगे।

दिन के खाने में सियाराम ने बाटी बनाई। जगरे पर सिकी हुई बाटियाँ, कढ़ी और धनिए की चटनी। हल्की सर्दी, छुट्टी का दिन, कढ़ी-बाटी-चटनी खाकर, खाने के बाद, हल्की-सी रजाई ओढ़कर, थोड़ी नींद लेने का सुख जो जानते हैं, वे यदि कल्पना में भी इसका पुनर्स्मरण करें तो आनंद के अनुभव का कुछ अंश पा सकते हैं।

तीसरे प्रहर की चाय के साथ जो महत्त्वपूर्ण बात थी वो थी, सियाराम की कहानी। सियाराम अनपढ़ है पर होशियार है। संघर्ष से गुज़रा है। कहानी सच्ची है इसलिए वह एक रौ में सुनाता रहा, मैं सुनता रहा।

जैसा कि मैं पहले बता चुका हूँ कि सियाराम की पत्नी का नाम अनारकली है। अनारकली गाँव में आँगनबाड़ी कार्यकर्ता है, आँगनबाड़ी चलाती है। दो पैसे का सहारा लग जाता है। पर गाँव की राजनीति ख़राब है। उसने कहना शुरू किया– "आप नहीं जानते बाबू साहब, हमारे यहाँ का सरपंच हमें नहीं चाहता। एक बात तो ये है कि वह ऊँची जाति का है और दूसरे हैसियतदार है हम उनके मुक़ाबले कमज़ोर पड़ते हैं। वोट भी हम दूसरी पार्टी को देते हैं। इससे सरपंच जलता है।

फिर वो, आँगनबाड़ी कार्यकर्ता भी मेरी घरवाली को हटा कर, किसी अपनी मिलने वाली को बनाना चाहता था। गाँव है बाबू साहब। गाँव में तो ये सब चलता ही है। आँगनबाड़ी कार्यकर्ता की हाज़िरी सरपंच से प्रमाणित करवानी पड़ती है। तब जाकर तनखा मिलती है।

एक बार मैं अपनी घरवाली की उपस्थिति पर दस्तख़त करवाने सरपंच के यहाँ गया, जूते बाहर ही खोल दिए। सरपंच पता नहीं किस बात पर भरा बैठा था, बोला–"कैसे आया?"

"ये आँगनबाड़ी की हाज़िरी के दस्तख़त करवाने हैं।"

सरपंच ने आव देखा न ताव, अबे-तबे पर उतर आया बोला–"वोट तो तुम दूसरों को देते हो, दस्तख़त मुझसे कराना चाहते हो। फालतू हैं क्या मेरे दस्तख़त?"

मैं बोला–"नहीं-नहीं सरपंच साहब ऐसी बात नहीं है। वोट तो हम आपको ही देते आए हैं, हमेशा से।"

"तो खा अपने बेटे की कसम कि आज के बाद से तू वोट मुझे और मेरी पार्टी को ही देगा। ऐसा तो कैसे हो सकता था बाबू साहब। ये तो मज़बूरी का फ़ायदा उठाकर हमें मोल लेने वाली बात हो गई।"

मैंने कह दिया–"सरपंच साहब बेटे के सौगंध तो क्यूँ खिलाते हो मैं कह रहा हूँ न कि वोट तो आपको देते आए हैं और आगे भी आपको ही देंगे। आप मेरी बात का विश्वास तो करो।"

पर सरपंच के बात गले नहीं उतर रही थी, वो फिर बोला–"अच्छा तो ऐसा कर कि वो जो फलाँ आदमी अमुक औरत के साथ खाता-पीता है–तू ऐसा कर कि किसी दिन जब वो दोनों एक घर में हों बाहर से साँकल लगा कर हल्ला मचा दे।"

जब मैं इस बात पर राजी नहीं हुआ तो उसने आख़िरी दाँव फेंका कि–"तेरी घरवाली की तरफ़ से फलाँ पर बुरा काम करने का इल्ज़ाम लगाकर थाने में रिपोर्ट दर्ज़ करवा दे।"

अब बाबू साहब मुझसे रहा नहीं गया। बरदाश्त की भी हद होती है। मन में तो ऐसी आई कि क्या बताऊँ पर गरज मेरी थी इसलिए मुलामियत से बोला–"सरपंच साहब आप हाज़िरी पर दस्तख़त करो या मत करो पर ये सब काम मैं नहीं कर सकता।" किसी बात पर भी राज़ी न होने और मना करने से सरपंच भभक गया।

गालियाँ निकालते हुए बोला–"मादर...! निकल यहाँ से। यहाँ फिर क्या तेरी माँ... आया है?" और भी उसने मेरी माँ-बहिन की, कोई कमी नहीं रखी। आई तो मेरे भी मन में ऐसी कि–क्या कहूँ। पर करता क्या, मज़बूर था। आँख से आँसू तो मेरे एक टपका नहीं पर कसर बाक़ी कुछ रही नहीं। जूते पहनकर लौट आया। बाद में बीडिओ से दस्तख़त करवाकर हाज़िरी तो भिजवा दी साहब, पर मेरे मन में जो कसक थी वो मिटी नहीं।

थोड़े दिन बाद जब वोट पड़ने के दिन आए तब एक दिन वो ही सरपंच अपने साथियों के साथ वोट माँगने आया। उसे देखते ही मेरे तो तन-बदन में जैसे आग लग गई। भैरू जी आ गए डील में मेरे। अपने आप पर जैसे वश ही नहीं रहा। बिफर गया। आँखों में से झाळ और मुँह में से अंगार निकलने लगे। घर के अंदर से कुल्हाड़ी निकाल कर लाया और उसे मारने दौड़ा। सरपंच जूतियाँ छोड़कर भागा। उसके साथ वाले भी इधर-उधर की गलियों में भागकर बच निकले। सरपंच किसी मिलने वाले के घर में छिप गया। मुझे मेरे भाई-बंधु, पाड़े-मोहल्ले वालों ने पकड़ लिया और समझाकर ले गए। भूत भी कितनी देर रहता।

मेरे लौट आने के बाद, सरपंच ने फ़ोन करके अपने मिलने वालों को बुलाया और चोर की तरह चुपचाप निकलकर घर गया। आप ही बताओ बाबू साहब मेरी जगह और कोई दूसरा होता तो क्या करता। पर उसी दिन मैं समझ गया अब मेरी घरवाली की आँगनबाड़ी तो गई। मैंने अपने घर पर एक आटा पीसने की चक्की लगवा दी। अब जब मैं रहता हूँ तब मैं चलाता हूँ, और जब मैं इधर-उधर साइड पर (खाना बनाने) चला जाता हूँ, तब वो चला लेती है।

दुख तो बहुत देखे बाबू साहब पर मैं घबराया नहीं। अब इससे ज़्यादा क्या होगा–'मेरे जो लड़का था एक ही था, जिसकी सौगंध खाने के लिए सरपंच कह रहा था, उसके पैदा होने के बाद मैंने नसबंदी का ऑपरेशन करवा लिया था। अब ये कैसे कहूँ कि उस सरपंच की वजह से ही हुआ। वैसे तो जो करता है वो भगवान करता है। ऐसा होशियार लड़का था बाबू साहब! स्कूल के मास्टर जी उसकी तारीफ़ करते थे। वो भी भगवान ने ले लिया!'

अब आप बताओ मेरे ऊपर तो जैसे आसमान ही आ पड़ा। मैंने नसबंदी अलग करवा रखी थी। पर फिर भी मैंने हिम्मत नहीं हारी बाबू साहब! नसबंदी खुलवाई। दुबारा ऑपरेशन करवा के। पैसे तो लगे पर उसके बाद मेरे बच्चा हुआ। आपके आशीर्वाद से वो बच्चा अब तीन साल का है।

क्या करें बाबू साहब! हम पाँच भाई हैं। ज़मीन थोड़ी है, उसमें भी पांतियाँ (हिस्से) हो गईं। दो बीघा ज़मीन में क्या होता है। नदी की कराड़ में मैंने भी थोड़ी-सी सरकारी ज़मीन फाड़ रखी है। अभी तीन बीघा की सरसों कटवाकर आया हूँ। हमारे यहाँ का पटवारी बदमाश है। जले-मरते लोगों ने उसके कान भर दिए कि कब्जा ज़्यादा ज़मीन पर है। जो जुर्माना पहले कम आता था, अब ज़्यादा आता है। मैंने तहसीलदार जी से कहा तीन ही बीघा है, नहीं तो बताओ हम तीन जनों से एक दिन में सरसों कटती क्या? ज़्यादा होती तो। मैंने, मेरी घरवाली और दिलख़ुश की माँ हम तीनों ने मिलकर काट दी। सियाराम का तर्क, कितना ताक़तवर था।

दिलख़ुश नाथ है, योगी। इसके पिता जी भटेड़ी के बालाजी के पुजारी हैं। बहुत अच्छा स्थान है साहब बालाजी का। कालीसिंध नदी के तीर पर है आप कभी आना हमारे गाँव।

"तुम्हारे पिता जी हैं सियाराम?" मैंने अनायास ही पूछ लिया।

"हाँ हैं साहब। बूढ़े हो गए अब तो! गायें चराते हैं।"

"कितनी उमर हो गई?"

"उमर? क्या पता साहब?"

"तुम्हारा सबसे बड़ा भाई कितने साल का है?"

"मान लो ये ही कोई पचासेक बरस के आस-पास होगा।"

"तो तुम्हारे पिता जी की उमर सत्तर से तो ज़्यादा ही होगी। इससे कम क्या होगी?"

"हाँ, होगी बाबू साहब! सत्तर से तो ज़्यादा ही होगी।"

"तुम्हारे पिता जी कब से गायें चराते हैं?"

"शुरू से ही।"

"शुरू से यानी! होश सँभाला तब से, दसेक साल के होंगे तब से?"

"हाँ, ये ही मान लो बाबू साहब।"

"तो इसका मतलब तुम्हारे पिता जी साठ साल से गायें चरा रहे हैं।"

"हाँ, बाबू साहब।"

“फिर तो में तुम्हारे गाँव ज़रूर आऊँगा, तुम्हारे पिता जी से मिलने।”

“ज़रूर आना बाबू साहब।”

रात्रि भोजन करके अनंत नारायण मंदिर के बाहर टीनशेड में रखे तख़्ते पर सो गए। दिलख़ुश ने टेंट हाउस के दो गद्दे बिछा दिए, एक रजाई रख दी और पंखा चला दिया था। मच्छर अनंत नारायण के हैं तो पंखा भी तो अनंत नारायण का ही है।

मैं सियाराम के गाँव ज़रूर जाऊँगा, एक तो कालीसिंध नदी के किनारे स्थित भटेड़ी के बालाजी के दर्शन करने और दूसरे सियाराम के पिता जी से मिलने। मैं अब तक कई सारे शिक्षित, पढ़े-लिखे अध्यापकों, अफ़सरों, डॉक्टरों, वकीलों, व्यापारियों, साहित्यकारों, आवाराओं, अपराधियों और पता नहीं किन-किन से मिला लेकिन एक ऐसा आदमी जो साठ साल से गायें चरा रहा हो, ऐसे आदमी से मैं आज तक नहीं मिला। गणपत लाल जी है, सियाराम के पिता जी का नाम। देखिए कब जाना होगा सियाराम के गाँव और कब मिलना होता है उसके पिता जी से। सोचते-सोचते कब नींद आ गई पता नहीं...।

25/02/16

3

(बीच में, बादशाह की महफ़िल यानी सियाराम का गाँव वाया सांगोद–रोज़नामचे में दर्ज़ क्षेपक कथा)

निकलना तो सुबह ही तय था, पर और दूसरे काम आ गए। निकलते-निकलते दो बज गए। न्हाण! सांगोद का न्हाण। बाज़ार के अखाड़े के बादशाह की सवारी थी। अगले दिन पड़त होगी, सोचा सियाराम के गाँव भी हो आएँगे।

इंदिरा जी को अंता ड्रॉप किया।

‘लहरी’ आजकल सांगोद में है। अंता से रवाना हुए जब उसे मोबा॰ किया। उसने कहा–“अभी फील्ड में हूँ। आप पहुँचोगे तब तक घर पहुँच जाऊँगा।” मैं पहुँचा तब वो वहीं था। अपनी गाड़ी वहीं खड़ी की, उनकी सरकारी गाड़ी से तहसील तक पहुँचे। अनिल से पहले ही बात हो चुकी थी। नाटाणी के मेडीकल स्टोर पर बैठकर बादशाह की सवारी देखनी थी।

बाज़ार ठसाठस भरा था भीड़ से। स्वांग आ-जा रहे थे तरह-तरह के। इस बार स्वच्छता और मोदी जी का भी स्वांग लाया गया है। पारंपरिक चारणा-चारणी,

मथुरा-मथुरी, साधु-भिखारी, वगैरह के स्वांग तो हैं ही सही। हरीश जी भी मिल गए और घर पर चलने का आग्रह किया। भोजन के लिए बहाना बना दिया कि व्रत है, पर चाय तो पीनी ही पड़ी।

वापिस लहरी के यहाँ आने से पहले काशीपुरी धर्मशाला में किन्नरों से मिलना हुआ। किन्नर आते हैं यहाँ कई, न्हाण में। एक किन्नर का नाम जस्सी है। अंग्रेज़ी बोलने में सक्षम है, मुंबई से है। कॉन्वेंट शिक्षित। उसने बताया 'हमसफ़र' जैसे एन.जी.ओ. से जुड़ाव है उसका। एक दो तो पुराने किन्नर हैं। शिल्पा, काजल। इन लोगों से पिछली बार भी मिलना हुआ था।

लहरी कुमार जैन मित्र है। यहाँ तहसीलदार है। गुजरात का है, उसने बताया गुजरातियों के यहाँ शाम के भोजन में रोटी-सब्जी पारंपरिक भोजन के बजाय भिन्न चीज़ें बनाते-खाते हैं। उस दिन आलू की टिकिया बनी थी, वही खाई। रात को बादशाह की महफ़िल देखनी है।

बादशाह की महफ़िल अनिल जी के मकान के पीछे बाड़े में थी। लहरी के यहाँ से सीधे वहीं पहुँचे। न्हाण की सवारी में बने बादशाह और उसके परिजन बैठे हुए थे। कुछ परिचित, प्रतिष्ठित, शौकीन भी बैठै थे अगल-बग़ल। बीच में एक लकड़ी के पटियों का तख़्ता लगा हुआ था। जैसा आजकल डीजे वाले नाच के लिए लगाया जाता है। एक हारमोनियम और एक ढोलक वाला। हारमोनियम वाला कोई राव या पेशेवर गायक है। बहुत ऊँचे सुर में तान लेता है। जो नचैया है, उसके हाथ में भी एक कॉर्डलेस माइक है। वह नाच भी रहा है और हारमोनियम पर बैठे गवैये के सुर की तान को बराबर टक्कर भी दे रहा है। ये लोग कितने ऊँचे सुर में गाते हैं। गा सकते हैं। ये ही हैं अल्लाह जिलाई बाई, रेशमा के सच्चे वंशज–उत्तराधिकारी। हमें एक थोड़े से ऊँचे चबूतरे पर, जिस पर गद्दे और सफेद चादरें बिछाकर मंच जैसा बनाया गया था, बादशाह के पास बिठाया गया। बादशाह के युवा, कम उम्र परिजन, परिचित, जो आ रहे थे वे बादशाह के पाँव छू रहे थे। किसी-किसी ने मेरे भी छुए या छूने जैसी कोशिश की। मैं थोड़ा और सिकुड़कर पीछे सरक गया। अभी ज़्यादा भीड़ नहीं जुटी थी। गवैया और नचैया मिलकर, भजन-जैसी गायकी पेश कर रहे थे। किसी ने फ़रमाइश की–"बरसाने बागाँ बोले मोर-म्हारा कुंज बिहारी!" सुनाया जाए। सुरीला मांड है। गवैये और नचैये ने बहुत ऊँचे सुर में जमा कर गाया। नर्तक की फिरकी, हाव-भाव और ठुमके का, ढोलक वाले से ताल-मेल था। जब ढोलक वाला, हारमोनियम वाला, गवैया और नर्तक, सम पर आते तो ठेके के साथ, सुनने वाले भी

उस आनंद की हिलोर के हिचकोले से हिल जाते थे। सब सराबोर हो जाते। लेकिन बादशाह की महफ़िल का असली स्वरूप अभी बाक़ी था। धीरे-धीरे वो किन्नर, जो काशीपुरी हिंदू धर्मशाला में रुके हुए थे, एक-एक दो-दो, समूहों में, अपने गुरु और गुरु भाइयों या बहिनों के साथ आने लगे। सभी ने दुबारा मेकप करके दूसरी ड्रेस पहन ली थी। वस्त्रों, आभूषणों से ख़ुद को यथासंभव सजाया हुआ था। अपनी-अपनी समझ मुताबिक़ चमकीला भड़कीला या भिन्न। आकर्षक-अनाकर्षक में कोई ज़्यादा भेद प्रतीत नहीं होता था। आधुनिक ड्रेस के साथ पारंपरिक घाघरा-लूगड़ा भी था। साड़ी, सलवार-कुर्ता, के साथ आधुनिक गरारा, शरारा, लोअर-टोपर भी। अपने आपको कॉन्वेंट में पढ़ी-लिखी बताने वाली और अंग्रेज़ी बोलने वाली किन्नर जस्सी या जेस्सी भी आई। उसने जींस और टॉप पहना है। जींस फेडेड भी है और फटी हुई भी। कि. न्नरों के आते ही दर्शकों की भीड़ बढ़ गई। नोट वारने वाले उठ-उठकर गिरने लगे। यहाँ इन किन्नरों के कई चाहने वाले मनचले आशिक़ बैठे हैं। जब माशूका किन्नर का डांस करने का नंबर आता है तो उसका आशिक़ दिलो-जान लुटाने की मुद्रा में उसपर नोट न्यौछावर करता है। ज़्यादातर किन्नर आधुनिक फिल्मी नृत्य-गीतों की पेनड्राइव साथ लाए हैं, माइक वाले से पसंदीदा गाना चलवाकर उस पर डांस करते हैं। नृत्य तो क्या कहें—कुछ हाव-भाव, कुछ शारीरिक मुद्राएँ या अंग-संचालन और अदाएँ, जो शोखी से भरी होकर कभी-कभी खुलेपन, अश्लीलता की हद तक चली जाती हैं लेकिन क्या करें? किन्नरों का तो यह काम ही है। उनका तो रोज़ पाला पड़ता है ऐसे मनचले आशिक़ों से। उनकी जेबें ढीली करवाना उन्हें आता है, यह उनके पेशे का हिस्सा है। किन्नरों के जीवन के कई अँधेरे, असुरक्षित, आशंकाओं से भरे किस्से हैं। शायद ये उसकी क्षतिपूर्ति इस तरह चमक-दमक, भड़कीले, शानो-शौकत और दिखावे से भरे जीवन को जीकर तथा जैसे-तैसे भी हो ज़्यादा-से-ज़्यादा पैसा हासिल करके करना चाहते हैं। इनके पास, इनके गुरुओं के पास, भारी मात्रा में धन-संपदा, स्वर्णाभूषण, महँगी गाड़ियाँ होने की बातें भी लोग करते हैं। यह भी सुनते हैं कि किन्नरों की वृद्धावस्था में गति अच्छी नहीं होती। इस आशंका के चलते ही ये धन संचय और अपने भरोसेमंद शिष्यों, चेलों के आत्मीय संसार की रचना करते हैं। इनकी रहस्यात्मक दुनिया रोचक है। जस्सी अपने मनचले आशिक़ों के साथ गलबहियाँ करने, उनके सहारे से आधे लेटने की मुद्रा में उनके साथ सेल्फियाँ लेने में मसरूफ़ है। फ़रमाइश पर उसने कुछ जिम्नास्टिक मुद्राओं जैसा एक आधुनिक डांस भी किया।

बीच-बीच में, नाचने वाले किन्नरों और मनचले, नोट वारने वाले, आशिक़ों की नज़दीकी से श्लीलता और अश्लीलता की मर्यादा टूटने का ख़तरा भी उत्पन्न हो जाता

है। चाहने वाले दर्शक तख़्ते को चारों तरफ़ से घेरे हुए हैं। घेरा छोटा होता जाता है, उन्हें बार-बार हटाकर दूर करना पड़ता है। बादशाह के युवा पुत्र जो आयोजक हैं, उन्हें एक-दो बार कार्यक्रम समाप्त करने की धमकी भी देनी पड़ती है। और एक बार तो कार्यक्रम समाप्ति की घोषणा भी कर दी गई। लेकिन हा-हुल्ले, मान-मनौव्वल और अब आगे मर्यादा बनाए रखने की संधि-शर्तों पर महफ़िल फिर से शुरू हो गई।

कुछ देर बाद हम वहाँ से उठकर अनिल के मकान की छत पर आ बैठे, यहाँ से नीचे चल रही महफ़िल का पूरा नज़ारा दिखाई देता था।

बादशाह युवा न था, उम्र दराज होने के बावजूद महफ़िल एक बजे तक चली। यह बाज़ार के न्हाण के बादशाह की महफ़िल थी। खाड़े के न्हाण के बादशाह की दो दिन बाद होगी। रात को लहरी के यहाँ जाते, इसके बजाय अनिल के यहाँ ही सो गए। कल पड़त है, यानि न्हाण के अवकाश का दिन। परसों से दो दिन का खाड़े का न्हाण होगा। कल सीधे यहीं से सियाराम के गाँव जाना है। कार्यक्रम तो यही है।

16/03/16

4

निकलना तो सुबह जल्दी ही चाहते थे पर एक तो रात को देर से सोने की वजह से सुबह उठना जल्दी न हो सका, तिस पर अनिल जी की श्रीमती जी का आग्रह, नाश्ता किए बग़ैर निकलना संभव न था। नहाना तो सियाराम के गाँव सोनवा में ही कालीसिंध नदी पर विचारा था इसलिए नहाए नहीं, फिर भी अनिल जी के यहाँ से निकलते, फिर सोए हुए लहरी को जगाकर वहाँ से गाड़ी निकालते-निकालते साढ़े-सात, पौने आठ बज ही गए।

मौसम न ठंडा है न गरम है। सड़क वही सोरसन वाली है। सूर्योदय की अरुण आभा। दोनों तरफ़ खेतों में गेहूँ पक गए हैं, इंतज़ार कर रहे हैं। थोड़े दिन बाद कटने का। कभी-कभी, कविता, लिखने-सुनने की बजाय अनुभव करने का विषय होती है।

रास्ते में ही मोबाइल पर सियाराम का फ़ोन आ गया–"क्हां ताई पूग्या साहब?" (कहाँ तक पहुँचे साहब?)। सियाराम कल से फ़ोन कर रहा है, उसका तो कहना था रात को ही यहाँ आकर सो जाना। और यदि देर रात न आओ तो सुबह जल्दी निकल पड़ना। सोचा तो यही था, कहा भी उससे यही था, पर कहना पड़ा–"अभी निकला हूँ सियाराम।"

"तो ठीक छै साहब। अणता पीडब्ल्यूडी चौराया पै पूगतांई फ़ोन कर दीज्यो।"(तो ठीक है साहब अंता पीडब्ल्यूडी चौराहे पर पहुँचते ही फ़ोन कर देना।)

"ठीक छै?"

अंता का पीडब्ल्यूडी चौराहा उसके गाँव से तक़रीबन 20 कि.मी. से कम न होगा पर उसके आग्रह में उतावली है। रास्ते में एक बार और उसने ख़बर ली– "क्हां ताई पूग्या साहब?"

मैंने कहा–"मैं सीसवाली पहुँचकर तुम्हें फ़ोन कर दूँगा।"

उसने रोड पर आ जाने के लिए कहा मगर मैंने मना कर दिया। पूछने से सब पता चल जाता है। फिर भी सीसवाली से पहले, सड़क से बाईं तरफ़ मुड़कर छोटी केनाल (माइनर) के सहारे-सहारे जाने वाले रास्ते के मोड़ पर सियाराम, दिलख़ुश के साथ मोटर साइकिल लिए खड़ा मिल ही गया। आगे-आगे सियाराम पीछे-पीछे मैं। ठेठ सियाराम के घर के छपरे के आगे तक चली गई गाड़ी।

अंदर चक्की है और बाहर छपरे में, अनाज-आटा तौलने की बड़ी तराजू है। उसी के पास अलग-अलग आकार के अनगढ़ पत्थर रखे हैं। शायद पाँच, दस, बीस किलो के बाट-बटखरे हैं। इन पत्थर के बाटों को लेकर मन में सवाल तो उठा लेकिन मन-ही-मन समाधान भी हो गया। सियाराम जैसे लोग ही तो हैं जिनके बाट-बटखरे भले ही अनगढ़-पत्थर के हों लेकिन फिर भी वे व्यवहार में पूरा तौलते हैं। खरे हैं। डंडी नहीं मारते। मेरा तो ख़याल यही है बाक़ी भगवान जानता है।

'पोळ' में पिसाई के कट्टे पड़े हैं, कुछ किराने के सामान धरे हैं। विमल गुटकों वगैरह की बांदरवाल लटक रही है। छोटी-मोटी दुकान समझो। पोल के बराबर एक कमरा है सब कच्चा ही है, गार मिट्टी का। कमरे और पोल का दरवाज़ा पीछे एक बड़े चबूतरे पर खुलता है। चबूतरे पर खुले में चूल्हा है। एक महिला चूल्हे पर कुछ पका रही है। सियाराम की घरवाली होगी शायद 'अनारकली!' घूँघट ले रखा है। सियाराम की बेटी भी है, पढ़ने जाती है।

ऊँचे चबूतरे से नीचे ज़मीन है, जिसमें सियाराम की सब्जियों की बाड़ी है। इसमें बैंगन, टमाटर लगे हैं। आगे दो कमरे और एक छपरा है, बाड़े की बाड़ के सहारे। इनमें कोई नहीं रहता, ख़ाली हैं। मैंने सियाराम से पूछा–"कभी मैं कुछ दिनों के लिए इन कमरों में आकर रहूँ तो?" सियाराम ने अविश्वास से हँसकर हामी भर दी।

बाड़ के नीचे रास्ते के उस पार दिलख़ुश का मकान है, वह भी कच्चा ही है।

चाय वगैरह पी, इतने में सियाराम के काका जी आ गए। कुछ समझदार से, दुनिया देखे-परखे इनसान लगते हैं। काफ़ी जानकार हैं। गाँव के और भी एक दो लोग आए। सियाराम ने मुझ 'साहब' के आने का प्रचार भले न किया हो तो भी कुछ लोगों से चर्चा तो किया ही होगा। मेरे बारे में जितना वह जान सका होगा, बताया भी होगा। उन सबके मन में एक कौतुहल स्वाभाविक है कि एक पढ़ा-लिखा, भद्र-अभिजात्य वर्ग का, सरकारी नौकरी में रह चुका आदमी बिना काम क्या लेने आ रहा है गाँव में? जिज्ञासा और उत्सुकता मिलकर ही तो कौतुहल बनती होगी।

मैं सियाराम के पिता-जी से मिलना चाहता था। पता चला वो तो गायें लेकर निकल गए। मैंने कहा–"चलो वहीं चलते हैं, जहाँ वो गए हैं।" चाय वगैरह पी। सियाराम ने कहा–"पहले कालीसिंध नदी पर नहा आते हैं।" मैंने तो पहले से ही नदी स्नान विचारा हुआ था। घर से जब निकले तो रास्ते में एक गली में सियाराम के पिता जी मिल गए। मैं क्या कुछ कहूँ...उस आदमी के बारे में, जो साठ बरस से गायें चरा रहा है। सहजता-सरलता का अबोध-शिशुवत निर्मल चेहरा। कृतज्ञ-विनम्रता की, जैसे एक सात्विक-संतुष्ट मुस्कान। और भी कुछ बाक़ी है, उनके लिए कहने को? वह सहजता जैसे अभिव्यक्त कर सकने के मेरे सामर्थ्य और कौशल को चुनौती दे रही थी और मैं स्वयं को असहाय, दीन, दरिद्र अनुभव कर रहा था। वे मेरे चरण स्पर्श करने को झुकने लगे। क्या मैं ऐसा अनर्थ होने देता? मैंने उन्हें अपना प्रयोजन बताया कि–"मैं आज आपके साथ गायें चराने चलना चाहता हूँ।" वे हँसे जैसे हम समझदार, किसी अबोध शिशु के कामना प्रयत्न पर निरपेक्ष हँसी-हँसते हैं। उन्होंने कहा भी–"ओह! आप कहाँ कष्ट उठाएँगे, वहाँ तो जंगल है।" ऐसा ही कुछ। पर मेरे संकल्प को सियाराम भाँप रहा था। उसने बीच का रास्ता निकाला। "अपुन पहले नदी पर स्नान कर आते हैं फिर वहाँ से सीधे ही उधर निकल चलेंगे। वहीं जा मिलेंगे।" मुझे लगा ठीक ही है।

मोटर साइकिल पर हम तीनों थे, मैं, दिलख़ुश, सियाराम। रास्ते में सियाराम के पिता और उसके भाईयों की ज्यागें (घर) थीं। सियाराम अलग रहता है। यहीं सियाराम की माँ मिली, इनका पीहर इटावा है। उत्तर-प्रदेश का इटावा (मैनपूरी) नहीं। पास ही राजस्थान का पीपल्दा-इटावा, जहाँ हम गए थे एक बार। 'दो नदियाँ एक गढ़' लिखा है, वहाँ का वृत्तांत। मैं इनसे बहुत सारी बातें पूछना-जानना चाहता था। उन्होंने जो बताया उसका सार था–ज़मीन कम है, गुज़ारा करना मुश्किल है।

मोटर साइकिल नदी के किनारे जल से पहले थोड़ी दूर तक जा सकी। नदी के किनारे जिंद बाबा का स्थान है और उनके कई किस्से हैं। नदी के भी कई किस्से हैं। गाँव में किस्सों की कमी नहीं होती।

कालीसिंध नदी का पाट ख़ूब चौड़ा है। विस्तीर्ण...पूरा प्रवाहमय तो नहीं है। कहीं-कहीं ज्यादा धार है कहीं कम। पानी के गड्ढे भरे हैं। यहाँ, किनारे के गड्ढे में अच्छा साफ़ पानी है। धार से जुड़ा है जिसमें डूबकर, तैरकर नहाया जा सकता है। नदी के शीतल जल में स्नान करने का आनंद अद्भुत है, अवर्णनीय है, अनिर्वचनीय। ग्रीष्म ऋतु के आगमन से पूर्व का शायद यह प्रथम स्नान है, शीतल जल से।

अम्मा स्नान करते समय, सारी नदियों का उल्लेख करती थीं। कृष्णा, कावेरी, गोमती, गंगा, गोदावरी....मुझे याद है। लेकिन उस स्त्रोत में चंबल, कालीसिंध नहीं होती थीं। गंगा बड़ी नदी है यहाँ से दूर। इस कालीसिंध में कुछ गिरे तो वह चंबल में मिले। चंबल यमुना में, यमुना गंगा में। तब तक पाप हो या पुण्य अक्षुण्ण रहे या नहीं, कह नहीं सकते। स्मरण हो आया मीरा ने कहा था–

"चलो मन गंगा-जमुना तीर।
गंगा जमुना निरमल पानी
शीतल होत शरीर।।"

मैं मन-ही-मन कहता हूँ–"चलो मन कालीसिंध के तीर।"

लौटते में धूप थोड़ी तेज़ होने को है। घर लौटे तब छपरे में सियाराम का बालक खड़ा था, तीन-चार साल का रहा होगा। नसबंदी करवा लेने और पहला बच्चा गुज़र जाने के बाद, सियाराम ने पैसे ख़र्च करके वापिस नसबंदी का ऑपरेशन खुलवाया, और उसके बाद जो बच्चा हुआ, ये वही बच्चा है। बच्चे ने सियाराम से कुछ कहा। जो मैं समझा उसका मतलब यह था कि मोहल्ले का कोई बच्चा जिसका बोलता नाम 'फौजी' था, वह हमारे पीछे से गाड़ी की छेड़खानियाँ कर रहा था। "भाई जी! फौजी होणू जीप का औटंग कर रया छा।" सियाराम ने हुलसकर बच्चे को गोदी में उठा लिया।

पोल के पीछे बाहर चबूतरे पर खुले में चूल्हा था। रसोई बन चुकी थी। हम अंदर जाकर कमरे में बिछे पलंग पर बैठ गए। सियाराम ने टेबल फैन चला दिया था। सियाराम के काका जी और गाँव के कुछ दो-चार और लोग, एक दो नौजवान आ बैठे थे, बातें करने के लिए।

मैंने वहाँ के जीवन के बारे में जानना चाहा। कई समस्याएँ हैं, रोजगार का साधन न होना सबसे बड़ी समस्या है। खेती ख़त्म होती जा रही है। ख़र्चा ही पूरा नहीं पड़ता। घाटे की वजह से कर्ज़ा बढ़ता जाता है। नई पीढ़ी खेती से मुख मोड़ रही है, दूर होती जा रही है। मैंने सियाराम और उसके काम करने की वृत्ति-प्रवृत्ति, प्रयत्न, परिश्रम आदि का उदाहरण दिया तो हमारे जीवन की काहिली, और निठल्लापन भी एक वजह की तरह शामिल हुआ बेरोज़गारी के हालात के विमर्श में। काम तो बहुत हैं अगर कोई करना चाहे तो। समस्याएँ गिनवाना सबसे सरल और सतही प्रवृत्ति है निष्ठा-कर्मठता, परिश्रम के संघर्ष के सापेक्ष। गाँव की स्त्रियाँ कितनी श्रमशील और उच्चादर्श वाली हैं। यह बात उन लोगों ने भी मानी कि इन स्त्रियों के बग़ैर जीवन, घर-गृहस्थी, खेती-बाड़ी, पशु-पालन कुछ भी संभव नहीं है। मैंने अपनी किसी कविता में गृहणियों को निविड़ रात्रि के आकाश में चमकती तारक मेखला जैसा कुछ कहा है। अपनी कविता को साक्ष्य पाते देख कवि को संतोष तो होता ही है। कविता और जीवन के यथार्थ में कितनी दूरी है?

खाने में दाल, बाटी, लड्डू था।

इसी दौरान गणपत लाल जी, सियाराम के पिता जी भी आ गए। गायें कहाँ किसके भरोसे छोड़ीं, यह पूछने पर पता चला कि उन्होंने चराने ले जाने के बजाय गायों को वापिस बाड़े में घेरकर यहीं चारा डाल दिया था। उन्हें शायद मेरे जिद में आकर धूप में चारागाह, जंगल में जाकर कष्ट उठाने की आशंका थी। वे बहुत ज़्यादा बातें नहीं करते। उनके समक्ष बहुत वाचाल होना ठीक भी नहीं है।

भोजन करने के बाद निकलना था। हाँ, यह तो रह ही गया, कि नदी से लौटते समय मुरली मिला। मुरली भी एक नौजवान है, जो सियाराम के साथ साइट पर जाता है कभी-कभी। सियाराम जहाँ-जहाँ खाना बनाने जाता है उसे साइट कहता है, साइट। सियाराम के कहने से मुरली के घर भी गए। कच्चा बड़ा घर है। घर के आँगन में बड़े चबूतरे पर नीम का पेड़ है। उसकी छाया में खड़े होना सुयोग है। आँगन के उस पार छपरे में मुरली की माँ खड़ी थी। मेरे नमस्कार करने पर हाथ जोड़कर आँगन तक आ गईं। दुनिया देखी, संघर्ष में तपी, ग्रामीण श्रमशील महिला। चाय पीनी नहीं थी, जल पिया। मुरली का मकान मुझे बाद में भी याद रहा, जो मुरली के मिलने पर मैंने उसे बताया।

निकलने से पहले भटेड़ी के बालाजी जाना था। भटेड़ी के बालाजी जाने से पहले दिलख़ुश के घर। सियाराम ने बताया, दिलख़ुश शिकायत कर रहा था सियाराम से

कि–"साहब को तुम-ही-तुम लेकर घूम रहे हो। अपने-अपने घर ही रख रहे हो। मेरे घर तो आने ही नहीं देते।"

पीछे ही तो है दिलख़ुश का घर। दिलख़ुश के पिता भटेड़ी के बालाजी के पुजारी हैं। दिलख़ुश का घर भी कच्चा है, लिपा-पुता। छपरे में चूल्हा है। 'अगढाळ्या' बोलते हैं इसको। माने कमरे के बाहर एक ढाल वाला छप्पर। 'अगढाळ्ये' में एक पलंग बिछा है। कहीं से स्टैंड वाला पंखा लाकर खड़ा कर दिया है। शायद सियाराम के यहाँ से आया है। सियाराम को चाँदनी अस्पताल के मालिक ने दिया है। दिलख़ुश के पिता यहीं हैं। क्या तो नाम था उनका, शायद राजेंद्र। दिलख़ुश की बहिन ने चूल्हे पर चाय बनाई। चाय पीने के बाद सब चाहते थे कि मैं थोड़ा विश्राम कर लूँ। निकलना तो है ही।

अहो ऐसी एक झपकी किसके नसीब में। मुझे मालूम है संसार के अनेक लोग इसके लिए ईर्ष्या कर सकते हैं।

सियाराम ने बोरिंग की मोटर चलाकर पाइप की मोटी धार से गाड़ी की धूल धो दी। धूप में गर्म हो गई है, तपी हुई गाड़ी कुछ शीतल भी हुई। आगे-आगे मोटर साइकिल पीछे-पीछे हम भटेड़ी के बालाजी पहुँचे।

हमारी तरफ़ बालाजी, हनुमान जी को ही कहते हैं। कालीसिंध नदी के किनारे बहुत बड़ा स्थान है। कभी ईश्वरीय (बालाजी की) प्रेरणा से कोई कथावाचक संत आए थे। ऐसा कहते हैं, उन्होंने कथा की, तथा इस स्थान को जाग्रत किया। वे संत अभी भी आते हैं। कथा (श्रीमद-भागवत) होती है तब तो मेला-सा जुट जाता है। सियाराम चाहता है, मैं कभी उस अवसर पर आऊँ। दिलख़ुश के पिता जी यहीं पुजारी हैं। स्थानीय लोगों की एक मंदिर विकास समिति है, उसका अध्यक्ष सरपंच का आदमी है। दिलख़ुश-सियाराम के साथ कभी साइटों पर जाता है इसलिए सरपंच उसके पिता जी को यहाँ के पुजारी पद से हटाना चाहता है।

यहीं एक देहाती मुद्रा में घूमते एक भक्त मिले, जो यहाँ वृक्ष लगाते हैं और फिर उनकी देखभाल करते हैं। आम, नीम, पीपल, आँवला, रुद्राक्ष आदि के वृक्ष तो हैं ही, पुराने बबूल, खेंजड़े भी बचे हुए हैं।

एक गौशाला है। इसके परिसर के बीच में वास्तविक आकार की गाय-बछड़े की मूर्ति लगाई हुई है। परिसर में ही एक तरफ़ शिव जी की छतरी भी है। गौशाला के आगे बहुत बड़ा मैदान है, यहीं होती है कथा। अभी कुछ हिस्से में खेती हो रही है। एक कोने में दो-तीन कक्ष बने हैं, कथा के समय महाराज का निवास यहीं रहता

है। यह कालीसिंध के किनारे है। यहीं से शुरू हो जाती है नदी की कगार। दिखती है दूर तक दोनों तरफ़ यहाँ से कालीसिंध। सियाराम ने हाथ के इशारे से बताया, वो स्थान है जहाँ सुबह मैंने स्नान किया था। नदी में पानी है। पानी से भरी, शहरी गंदे नालों से बची, दूर जहाँ तक दृष्टि जाए वहाँ तक फैली नदी को अपने प्राकृतिक स्वरूप में देखने, देख पाने का सुअवसर, सुयोग है या सौभाग्य, यह मानना, देखने वाले पर निर्भर करता है। मेरे लिए तो नदी-दर्शन सदैव आह्लदकारी है।

अहो, मैं संस्कृत के नदी धातु के सभी रूपों को दोहराना चाहता हूँ-

नदी **नद्यौ** **नद्यः**
नदीम् **नद्यौ** **नद्यः**
नदीभ्याम्, **नदीभ्यः** **नदीनाम् नदीषु। आदि**

लौटने से पहले सीसवाली के अंता बस स्टैंड पर एक दुकान में बैठकर चाय पी। फिर और कभी आना होगा, ऐसा कहकर मैं रवाना हुआ। मुझे छोड़ने आए सियाराम और दिलख़ुश वहीं रह गए।

अंता में इंदिरा जी को लेना था। साथी मदन मीणा का फ़ोन आया था। शाम को आर्ट गैलरी में नवरोज कॉन्ट्रेक्टर की फिल्म है-कलाकारों के गाँव पर।

शाम को पहुँच भी गए कोटा। फिल्म देखीं 'पेंटर्स का गाँव'। चेन्नई से थोड़ी दूर इंजेबेक्कम गाँव में पेंटर्स, शिल्पियों के गाँव चोलामंडल पर बनी फिल्म। यहीं पर एस.जी वासुदेव के स्टूडियो के बारे में भी हम सरीखे कूप-मंडूकों को पता चला। नाम, धाम बिसर गया तो याद दिलाने के लिए मदन मीणा से बात की। बातचीत में ही कहा कि ऐसे कलाकारों के गाँव में मुझे झाड़ू लगाने का काम भी मिल जाए, तो में अपना अहोभाग्य समझूँ। मदन मीणा हमारे पेंटर मित्र हैं। आप उनके बारे में नहीं जानते, मैं भी ज़्यादा नहीं जानता। मदन मीणा कलाकार हैं, शोधार्थी हैं। सवाई माधोपुर जिले के रहने वाले हैं। मीणा महिलाओं के मांडणों पर इनका बहुत ज़ोरदार काम है। उससे भी ज़्यादा काम इनका लोक देवता तेजा जी पर है। तेजा जी पर किए इनके काम का ग्रंथ और सीडी इन्होंने मुझे भी दी है। इंटरनेट पर इनके बारे में जानना चौंकाने वाला था। इन्हीं कलाकर मित्र की बदौलत आज शाम, नवरोज कॉन्ट्रेक्टर की फिल्म देखी। कल सर्वेश सिंह की न्हाण देखने को मिलेगी। वहीं आर्ट गैलेरी में शाम सात बजे।

17/03/17

(पूना से लौटते हुए ट्रेन यात्रा के दौरान कल्पना में 'सियाराम का गाँव')

मैं किसी दिन एक बार फिर सियाराम के गाँव जाऊँगा। पता है न नदी के किनारे है सियाराम का गाँव, कालीसिंध नदी के किनारे। सियाराम केवट है लेकिन नाव नहीं चलाता। खाना बनाने का काम करता है। मेरे छोटे भाई की बेटी के विवाह में घराती मेहमानों का खाना बनाने आया था सियाराम। उसी वक़्त मुलाक़ात हुई थी उससे। तब की बहुत सारी बातें रोज़नामचे, डायरी में दर्ज़ की हुई हैं। जैसे सियाराम ने कई बरस पुलिस की मेस में खाना बनाया। एक बार तकरार हो गई थाने के ही किसी अफ़सर से तो छोड़ दिया वो काम। सियाराम कुछ भी पढ़ा-लिखा नहीं है, लेकिन खाना पाँच से लेकर पचास जनों तक का अकेले बना सकता है। रोटी, सब्जी, दाल, चावल, रायता, हलुआ, चटनी, सलाद जो चाहो। दाल की मेथी, बथुए की कढ़ी, कत्त, बाफले या और कुछ। सियाराम के हाथ के नीचे एक हेल्पर है–दिलख़ुश नाम है उसका। सियाराम के ही गाँव का है। दसवीं पास है दिलख़ुश। सियाराम से मुलाक़ात होने के बाद एक बार मैं उसके गाँव गया था। गर्मी से पहले के दिन थे उस वक़्त मैंने ही कहा था सियाराम से कि मैं एक बार बरसात में आऊँगा तुम्हारे गाँव। तब सियाराम ने भी हुलस कर कहा था–"ज़रूर आना साहब। उस समय नदी भी ख़ूब आ जाती है आटान पाट।"

पर कहाँ जाना हुआ। अब किसी दिन ज़रूर जाऊँगा सियाराम के गाँव।

सर्दी के दिनों में चला जाऊँ तो अच्छा है। धुर सर्दी के दिनों में सियाराम का गाँव देखना चाहता हूँ। नदी देखना चाहता हूँ। कोहरे में डूबी हुई, धूप में चमकती हुई।

सियाराम की घरवाली का नाम अनारकली है, ऐसा सियाराम ने ही बताया था। कैसा नाम है। अबकी बार गया तो पूछूँगा किसने रखा उसका नाम अनारकली।

सियाराम के माता-पिता जीवित हैं। कितने बरस होगी सियाराम के पिता की उमर। सियाराम ही नहीं बता पाता ठीक से। कहता है–"मेरी उमर देख लो आप।" अब क्या देखले कोई। उससे दो बड़े भाई और हैं। गाँव में खेती करते हैं। क्या मानें सियाराम के पिता जी की उमर। मैंने जब उन्हें देखा नहीं था, तब सत्तर का अंदाज़ किया था। देखने पर भी सत्तर से कम नहीं लगते थे। सियाराम के पिता जी गायें चराते हैं। कबसे? होश सँभाला तब से। दस बरस की उमर से मान लो। कम से कम साठ बरस से ज़्यादा हो गए गायें चराते। मेरे मन में बड़ी उत्कंठा थी पिछली बार, साठ बरस से गायें चरा रहे चरवाहे के साथ एक दिन गुजारने की।

लेकिन मुझे गर्मी में तकलीफ़ न हो इसलिए सियाराम के पिता जी ने पिछली बार, मैं जिस दिन गाँव गया उस दिन गायों को बाहर निकालकर वापिस बाड़े में बंद कर दिया, चराने ही नहीं ले गए। इस बार मैं किसी भी तरकीब से सियाराम के पिता जी के साथ एक पूरा दिन जहाँ वे गायें चराते हैं वहाँ गुजारना चाहता हूँ। इसलिए किसी दिन सियाराम के गाँव ज़रूर जाऊँगा।

सियाराम के गाँव जाने के लिए पत्नी से पूछना पड़ेगा। मना नहीं करेगी, मेरा स्वभाव जानती है। लेकिन पूछेगी ज़रूर। "वहाँ क्या है? काय से जाओगे? और कौन-कौन जा रहा है? कब आओगे?" शायद यह न पूछे क्योंकि जानती है लौट तो आऊँगा ही।

साथ चलने के लिए किसको पूछूँगा। पंचोली जी को घर की परेशानी है। सर्वेश की शादी हो गई। नागेंद्र जी क्या पता चलें न चलें। अंबवानी चल सकता है। शशिप्रकाश जी को कह कर देखूँगा। न हुआ तो अकेले ही चला जाऊँगा, जैसे पिछली बार गया था। एक रात तो कम-से-कम रुकूँगा।

शाम से पहले पहुँचना है तो दोपहर से पहले तो निकलना ही होगा। सियाराम को निकलते वक़्त ख़बर कर दूँगा। ज़्यादा पहले ख़बर की तो वो कई बखेड़े करेगा। पिछली बार भी उसने आधे गाँव को ख़बर कर दी थी। इससे वो मज़ा नहीं रहता। अंता पहुँचकर ख़बर करना ठीक रहेगा नहीं तो सीसवाली से पहले जहाँ से उसके गाँव का रास्ता फटता है वहाँ से कह दूँगा। हो सकता है पिछली बार की तरह सियाराम और दिलख़ुश खडे मिल जाएँ उस मुहाने पर। आगे-आगे मोटर साइकिल से रास्ता दिखाते ले जाएँ। गाड़ी ठेठ सियाराम के घर के बारणे तक जाती है।

मैं वहाँ पहुँचूँगा तब शाम हो रही होगी या थोड़ा पहले का वक़्त भी हो सकता है। हल्की या तेज़ ठंड तो होगी ही। चाय के लिए कहना नहीं पड़ेगा, लेकिन मैं कहूँगा। ऐसे माहौल में एक मनपसंद चाय बड़ा मज़ा देती है। गाँव में चाय की पत्ती अच्छी नहीं मिलती। न हो थोड़ी-सी पत्ती यहीं से ले जाऊँगा। पत्नी से कहूँगा तो पुड़िया में बाँध देगी। अदरक तो वहाँ होगी ही। सर्दी के मौसम में तो रहती है। पाव आधा किलो यहाँ से भी डाल ले गया तो कोई ऐसी बात न होगी। गाँव में चाय मीठी बहुत बना देते हैं। सारा मज़ा बिगड़ जाता है।

चीनी मना है लेकिन इस मौक़े पर थोड़ी-सी तो मीठी पीऊँगा यह वाली चाय। सियाराम से फीकी चाय बनवाने के लिए कहूँगा। चीनी थोड़ी-सी अपने मन

मुताबिक़ ऊपर से मिला लूँगा। दूध तो गाँव में रहता ही है। सियाराम के पिता जी गायें ही तो चराते हैं।

चाय पीकर नदी देखने जाऊँगा। पिछली बार सियाराम और दिलख़ुश मुझे ठेठ नदी तक मोटरसाइकिल पर बिठाकर ले गए थे। इस बार मैं मना कर दूँगा। पैदल ही जाऊँगा, पास ही तो है नदी। गाँव की गलियों से गुज़रता हुआ। नदी की कराई में होकर। नदी के किनारे विस्तृत पाट पर उतरूँगा, साँझ की तरह।

सियाराम का गाँव नदी के पूरब की तरफ़ है। सूरज नदी के उस पार सामने डूब रहा होगा। आसमान लाल, पीला, केसरिया, कैसा-कैसा तो हो रहा होगा। तरह-तरह के रंग। आसमानी, ऊदे, सफेद, कपासी, कबूतरी, धब्बे, गोले और रेखाएँ खिंची होंगी। हो सकता है कोई हाथी, घोड़ा, बैल या और कोई पशु-पक्षी, आदमी की आकृति या कोई नक़्शा नज़र आ जाए आसमान में। हमारे यहाँ शहर में ऐसी शाम कहाँ होती है। शहर की हमारी शामें तो गंदली-सी, कई सारे, तरह-तरह के शोर में डूबी हुई होती हैं। लोग कुछ भी दीखते ही फोटो खींचते हैं, मैं हरगिज़ नहीं खींचूँगा। उस नजारे को आँखों के रास्ते से ले जाकर मन में टाँक लूँगा। नदी पर पसरती हुई साँझ को जी भरकर देखूँगा और मैं उस शाम में डूब जाऊँगा।

शांत ठहरी हुई नदी पर कमज़ोर होती रोशनी के खिलते रंगों के बीच शायद कोई पखेरू बोले या टहक उठे। टिटहरी होगी तो पहचान लूँगा। दूसरा तो कौन आएगा। फिर भी अगर हुआ तो सियाराम दिलख़ुश से पूछ लूँगा। देखते-देखते ठंड बजने लगेगी। सियाराम दिलख़ुश लौटने की बोलेंगे तो कुछ देर और रुकने को कहूँगा। थोड़ी-सी पतली लकड़ियाँ बीनकर आग जलाने की कहूँगा। शायद मन में ही रख लूँ यह बात, कह न पाऊँ। मैं जानता हूँ वो सुरमई शाम जो नदी के ऊपर दूर तक फैली होगी बहुत देर तक नहीं ठहरेगी। रात आने से पहले मैं उनके आग्रह को मान लूँगा और लौट आऊँगा। सियाराम से कहूँगा–"सियाराम अपन रात में एक बार और नदी पर आएँगे।" वे दोनों हँसेंगे। वे जब आश्चर्य करते हैं तब भी हँसते हैं। सियाराम पूछ भी सकता है–"रात में? क्यूँ साहब? क्या लेने?" मैं कुछ भी नहीं कहूँगा फिर भी वो समझ जाएगा और मान जाएगा। अपनी बोली में कहेगा–"होऊ साहब।" खाने के लिए मैं नदी पर जाने से पहले ही कह दूँगा। नया कुछ बखेड़ा मत करना, जो बन रहा होगा वही खाऊँगा। दो रोटी ही तो खानी है।

जिद करके जानने की कोशिश करूँगा क्या बन रहा है। छिलके वाली मूँग की दाल बन रही होगी तो मना नहीं करूँगा। हरे धनिये की चटनी में टमाटर डालने

के लिए कह दूँगा। हरी लहसुन होगी क्या। एक डली गुड़ क्या न होगा सियाराम के घर में। सियाराम के यहाँ रोटी तो गेहूँ की ही खाते होंगे। ज्वार आजकल होती कहाँ हैं, मक्का फिर भी मिल जाती है। ज्वार या मक्का का आटा होगा? सियाराम के घर में चक्की है। रोटी थोड़ी कड़क सेकने के लिए बोल दूँगा।

सियाराम की घरवाली पहले आँगनबाड़ी में काम करती थी। हर महीने हाज़िरी की तस्दीक़ सरपंच से करानी पड़ती थी। सरपंच चाहता था सियाराम अपनी घरवाली के जरिए उसके एक विरोधी के ख़िलाफ़ बदचलनी की रिपोर्ट करवा दे। पर ऐसा कैसे हो सकता है साहब। सियाराम ने पिछली बार बताया था कि मना करने पर उसने हाज़िरी पर दस्तख़त करने से मना कर दिया। सियाराम तब ही समझ गया था कि आँगनबाड़ी तो अब गई, उसने अपने घर के छपरे में चक्की लगवा ली। जब वह होता है तो वह ख़ुद और जब वह नहीं होता तो अनारकली चक्की चला कर आटा पीस देती है। सरपंच से रंजिश का किस्सा तो और भी लंबा है तफ़सील से रोज़नामचे में दर्ज़ है।

ठंड का मौसम है तो ठंड तो पड़ेगी ही, फिर गाँव में और वो भी रात में। सोचने से ही कुड़-कुड़ होने लगती है।

पिछली बार सियाराम ने गाँव में ख़बर फैला दी थी। कई सारे लोग आ गए थे मिलने। अलग-अलग तरह के, सबके अलग-अलग किस्से थे। किसी को कुछ पूछना था किसी को कुछ बताना था। लगभग सभी लोग आध्यात्मिक थे। एक दो नौजवान उत्साही, असंतुष्ट और आक्रोशी। इस बार भी सियाराम चुप थोड़े ही रहेगा। लोग आ जाएँगे।

शहर का आदमी बिना वजह इस ठंड के मौसम में यहाँ गाँव में क्या लेने आया है। यह भी तो कौतुहल है हो सकता है। आग जला ली जाए। आग के आस-पास बैठे लोगों के चेहरे उस आग की रोशनी में कैसे दिखेंगे? क्या इस बार भी वे उन्हीं बातों, उन्हीं विषयों को दोहराएँगे। कोई पुरानी बीमारी, समस्या या लोन, नौकरी, क़र्ज़े की बातें। ज़माना दिन-पर-दिन ख़राब होता जा रहा है। सभी नेता एक सरीखे हैं। ग़रीब की कहीं सुनवाई नहीं है। ऐसी बातें। हो सकता है सर्दी की बात छिड़ जाए। कहीं भी हो मौसम की बात तो ज़रूर होती है। यह भी कहा जा सकता है कि अब पहले जैसी ठंड कहाँ पड़ती है। हाथ, पाँव, ओठ फट जाते थे, ख़ून चिलकने लगता था, दाँत किट-किटाते थे। शाम से ही गोदड़ों में घुस जाते थे। उनकी बातों से सहमत होते हुए रस लेते हुए मैं भी मसखरी करूँगा। कई लोग तो ठंड के डर से रातभर पेशाब की 'कुणस' भुगत लेते थे पर गोदड़े से बाहर नहीं निकलते थे।

उनके चेहरों पर वैसा ही संतोष, वैसी ही दयानतदारी, वैसा ही धीरज, वैसी ही कभी ख़त्म न होने वाली उम्मीद और थोड़ी-सी दबी-दबी ख़ुशी होगी। मैं शायद इस बार भी कोई नतीजा न निकाल पाऊँ कि इन सब हालात में भी वे इतने संतुष्ट, इतने धैर्यवान, इतने ख़ुश कैसे हैं और उनकी परेशानियों से निजात होने में कितना वक़्त लगेगा। वे हारे हुए और थके हुए तो नहीं लगेंगे। हो सकता है किसी घटना का और कोई किस्सा निकल आए। कोई ताज़ा मामला।

मैं जब उनसे उन्हीं की बोली बानी यानी प्यौर हाड़ौती में बात करूँगा तो उन्हें थोड़ा अचरज ज़रूर होगा, जो पिछली बार मिले थे वो तो जानते होंगे कि मुझे हाड़ौती अच्छी तरह आती है। लेकिन उन्हें सबसे ज़्यादा अचंभा तो तब होगा जब सियाराम बताएगा कि अभी तो मैं रात को नदी देखने जाऊँगा।

वे मेरे रात को नदी देखने जाने की बात जानकर किसी तंत्र-मंत्र साधना या टोने-टोटके का ख़याल तो नहीं लाएँगे, अपने मन में। क्या पता ला भी सकते हैं। गाँव के लोग हैं, किसी के मन की कौन जानता है। ठंडे मौसम की रात में नदी देखने जाने के मंसूबे को वे लोग न समझ आने वाले रहस्य के हवाले करके तप की रोशनी कम होते-होते और अंगारे कजलते-कजलते, अपने-अपने घरों को लौट जाएँगे।

हो सकता है देर रात नदी पर जाने की बात को सियाराम सिर्फ़ मेरे मन की मौज़ की लहर समझे और सोचे कि रात होगी तब देखेंगे। वह समझे कि शायद ठंड देखकर मैं बिस्तर में दुबक जाऊँगा। लेकिन सब लोगों के जाने के बाद मेरा निश्चय उसे नदी पर चलने की तैयारी में लगा देगा। टोपा मफलर, चादर, टॉर्च और लाठी। ठंड में जाप्ता पूरा चाहिए। दिलख़ुश भी चलेगा। एक-आध और कोई कौतुक-प्रेमी घर जाने से रह गया होगा तो वह भी चल सकता है। रात चाँदनी होगी तो मज़ा रहेगा। अँधेरी हुई तो और ज़्यादा मज़ा रहेगा।

निरभ्र आकाश में असंख्य तारे। इतने सारे तारे इससे पहले कब देखे थे याद नहीं आएगा। आकाश में कौन-कौन से तारे होंगे? ज़्यादा नहीं तो एक-दो की तो सियाराम और दिलख़ुश को पहचान होगी ही। ध्रुव जी का तारा कौन-सा है, हिरणी कौन-सी है, सातारोहण यानी सप्तऋषि मंडल। खाट के चार पायों में से एक तीन तारों की पूँछ निकलती है वह कौन-सा है? इतना तो वे जानते ही होंगे। उस दिन जो भी वार होगा मंगल, बुध, गुरु या शुक्र, शनि सबसे ज़्यादा चमकने वाले तारे को उसी ग्रह का तारा मान लेंगे। चन्द्रमा, मंगल और शनि तक आदमी के पहुँचने का ज़िक्र भी हो शायद। वे अचरज करेंगे या उन्हें पता होगा?

रास्ते चलते गाँव के सूने गलियारे में हमारे पाँवों की पगवाल गूँजेगी। हमारे बतियाने की आवाज़ दूर तक जाएगी।

हो सकता है हमारे चलने-बतियाने की आवाज़ से कोई ठंड में सिकुड़े हुए बाबा अपनी एक तरफ़ से ठंडी हो चुकी गोदड़ी को कसकर दूसरी तरफ़ करवट ले लें। उनकी कराहती हुई खाँसी की आवाज़ हम तक आएगी। दिलख़ुश मसख़री कर सकता है-"ये दा'जी अबरको स्याळो नठां काढै।" इसका मतलब है ये बूढ़े बाबा इस बार की सर्दी शायद ही निकालें। मुझे लगेगा जीवन तो सबको प्यारा होता है, मरना कौन चाहता है। मैं मन-ही-मन उन बाबा के इस साल की सर्दी निकाल देने की दुआ करूँगा। कुत्ते ऐसी ठंड में भी टाँगों में से गर्दन निकाल कर भौंकेंगे नहीं तो भी गुर्राएँगे ज़रूर। दिलख़ुश के दलकार कर लाठी फटकारते ही वापिस दुबक जाएँगे। कुत्ते इनकी आवाज़ पहचानते होंगे। इनकी भाषा भी समझते होंगे ज़रूर। रात में नदी का पानी चमक रहा होगा। सन्नाटे का स्वर कैसा होगा?

शीत बज रहा होगा। क्या किसी पक्षी का निरापद एकांत टूटेगा। वो चहक कर उड़ेगा? क्या यह वही शाम वाला है? या दूसरा है।

ऐसी रात में नदी के ठहरने या बहने की आवाज़ महसूस कर पाना सबके लिए संभव नहीं होता है। क्या मैं सुन सकूँगा?

मैं सबसे कुछ देर बिलकुल चुप रहने, निश्चेष्ट जैसे रहने को कहूँगा। हम सन्नाटा सूँघेंगे।

हम तांत्रिकों की तरह कोई रात जगाने नहीं आए होंगे फिर भी एक जादू तो हमारे चारों तरफ़ होगा ही। योग साधना में रत साधक! सुन्न की घड़ी बपरेगी। लेकिन किसी को कहना नहीं आएगा। आँख, नाक, कान, मुख, रोम-रोम, मन प्राण, चेतना सब इस घड़ी में लीन हो जाएँगे तो हो जाने देंगे। हम नदी के किनारे होंगे फिर भी डूब जाएँगे।

गाँव में जाग सुबह जल्दी हो जाती है। मनुष्य भी पेड़-पौधों, पशु, पक्षियों के साथ आसमान में सूरज का उजाला दिखते ही जाग जाते हैं।

सियाराम तो चाहेगा ऐसी ठंड में, मैं रजाई में दुबका रहूँ। लेकिन मैं रात को ही तय करके सोऊँगा कि मुझे सुबह सूरज निकलने से पहले ही उठना है। मुझे जल्दी चाय पिला सको तो अच्छा नहीं तो कोई बात नहीं।

कल से मेरी ऐसी 'अनहूति' देखकर क्या पता सियाराम क्या सोचे, क्या पता उसकी घरवाली के मन में क्या आए। घूँघट निकाले रहती है। हो सकता है मुझे

लेकर उसके चेहरे पर स्मित मुस्कान हो। सियाराम ने कुछ तो बताया होगा उसे मेरे बारे में। अब आए जो आए उसके मन में, मैं इस बात का ज़्यादा चिंतन नहीं करूँगा। चाय सियाराम की घरवाली ही बनाएगी, सबसे पहले तो वही उठती होगी घर में। क्या पता सियाराम उठ जाए वह बना ले। चाय मिले तो ठीक, न मिले तो ठीक।

मैं कपड़े पहनकर, कान-वान लपेटकर सूरज उगने से पहले ही कोहरे में डूबी नदी देखने निकल जाऊँगा। सियाराम साथ न चलना चाहे तो भी। रास्ता तो मुझे पता होगा ही।

मैं चलने को उद्धत होऊँगा तो सियाराम पीछे थोड़े ही रहेगा। अपने आप साथ हो लेगा। बल्कि आगे होकर दिलख़ुश को भी हाँका-पाड़ लेगा। मतलब आवाज़ लगा लेगा। दिलख़ुश की 'ज्याग' पास ही है, ज्याग माने घर। एक बाड़ ही तो बीच में है। क्या पता वह बाड़ कूदकर ही आ जाए। लोग भले ही ज़्यादा न जगे होंगे लेकिन फिर भी एकाध जना तो चादरा लपेटे दातुन चबाता नदी की तरफ़ से आता मिल सकता है।

ओह! नदी के ऊपर यह भाप है, धुंध है, कोहरा है या बादल हैं! नदी के ऊपर दूर तक यह कैसी झीनी कपास फैली है। नदी की कोहरे के आवरण में छिपी सलज्ज मुस्कान देखकर मैं निहाल हो जाऊँगा। शायद मैं सह नहीं पाऊँ इस अयाचित सौंदर्य भार को। कुछ देर किसी ठंडे शिलाखंड पर बैठ ही जाऊँगा। मैं चाहूँगा कि निर्बाध, निर्द्वंद, निःशब्द गाँव के पीछे से दिखती उस कपोतारुणी बेला के भगवा, गेरुआ, केसरिया, लाल होने तक स्तब्ध, विजड़ित वहीं बैठा रहूँ। मैं यह भी भूल जाऊँगा कि मेरे साथ कौन है।

मैं यह भी नही देख पाऊँगा कि नदी के किनारे जो लंबी-लंबी घास उगी है उसके और छोटे खड्डों में भरे जल पर छाए शैवाल के हरेपन में क्या अंतर है? नदी किनारे सिंदूर पुते पाषाणी ग्राम्य देवता के चबूतरे पर बिखरे अन्न के दानों और धुपेंड़े की भूरी राख के आकांक्षी प्रकट होने लगे हैं मुझे इसका भी भान नहीं रहेगा। सूरज के आने पर सारा जादू धीरे-धीरे अपने आप टूटने लग जाएगा। अम्मा कहा करती थीं शीत ऋतु में धूप और अग्नि दोनों अपने बाल स्वरूप में होते है। कितना-सा बल। फिर भी चंचल। लौटना तो होगा ही।

एक बार चाय और बनेगी। इस चाय का मज़ा कुछ और होगा। हो सकता है गाँव के कुछ अधेड़ बुज़ुर्ग सज्जन भी आ शामिल हों। गाँव का कोई प्रेमी सज्जन आग्रह करेगा तो उसके घर भी चला जाऊँगा। चाय पीने...।

अभी-अभी जागी, बुहारी किसी ज्याग के ताज़ा लिपे आँगन के कोने में नीम के चबूतरे पर बैठने का जो सात्विक अनुभव होगा, मैं उससे वंचित क्यूँ रहूँगा। धूप यहाँ भी झाँकने लगी होगी। पहिये हिलती कुर्सी होगी तो भी थोड़ा खिसका लूँगा, धूप में।

हो सकता है चाय लोटे से मग में भरी जाए।

दिलख़ुश के घर भी जाना पड़ सकता है। दिलख़ुश के पिता जी हनुमान जी के मंदिर के पुजारी हैं। वे सुबह जल्दी निकल तो नहीं गए होंगे।

नहाने के लिए भले ही धूप चढ़ने का इंतज़ार करना पड़े पर नहाऊँगा तो नदी में ही। नदी स्नान का आनंद पुण्य स्नान होता है। पुण्य किसको कहते हैं? पाप किसको कहते हैं? इन सब तर्कों-वितर्कों में, मैं नहीं पडूँगा। हो सकता है पिछली बार की तरह सियाराम साबुन की बट्टी लाए लेकिन मुझे ज़रूरत नहीं होगी। मैं वैसे ही, रगड़-मसलकर नहा लूँगा, जैसे देहाती लोग अकसर नहाते हैं।

साबुन की गंध हावी हो गई तो मैं नदी के जल और देह से मिलकर उत्पन्न स्नान की उस आत्मीय सिहरन को अनुभूत नहीं कर पाऊँगा, जिसके लिए इस देश के करोड़ों लोग बरसों से तीर्थ-नदी स्नान करते चले आ रहे हैं।

दोपहर के भोजन में पिछली बार दाल बाटी थी। इस बार न हो तो ठीक रहेगा। सियाराम ने अपने घर के पास की जगह में साग-भाजी उगा रखी है। उसकी बाड़ी के ताज़ा बैंगन की तरकारी बन जाए तो क्या कहने। बैंगन की सब्जी लाजवाब बनती है, अच्छा बनाने वाला होना चाहिए। मेरी शादी में कजोड़ी लाल जी पीटीआई ने बैंगन की सब्जी बनाई थी।

मैं जिस स्कूल में पढ़ा था उन दिनों उसी स्कूल में क्लर्क था। कजोड़ी लाल जी भी उसी स्कूल में पीटीआई थे। ठिगने कद के गट्ठे शरीर के। बैठकर कबड्डी देते थे। दोनों पाँवों पर इधर से उधर दौड़ते थे। दौड़ते क्या थे फुदकते थे। अंदर घुसकर छू लेते थे खड़े खिलाड़ियों को। कोई अगर पकड़ने के लिए हाथ डालता तो फुदककर या लुढ़ककर पाले पर आ जाते थे। दारू ख़ूब पीते थे। कभी स्कूल में भी आ जाते थे पीकर। दारू ने ही जान ले ली उनकी। मैं जब पढ़ता था तब भी वे इसी स्कूल में थे। मेरे प्रति संरक्षक भाव रखते थे। उन्होंने जिद करके कहा था—"तेरी शादी में सब्जी मैं बनाऊँगा।" मेरी भला मना करने की औकात कहाँ थी।

बरात जाने के एक दिन पहले खातियों के नोहरे में जहाँ खाना बन रहा था वहाँ आ गये पीटीआई साहब। ख़ुद खड़े रहकर हलवाई से भट्टी पर अपने सामने बनवाई बैंगन की सब्जी। ख़ुद ख़रीदकर लाए बैंगन। सर्दी के दिन थे। वैसे स्वाद वाले बैंगन अब मिलते कहाँ हैं। हरी मिर्च, लाल मिर्च, काली मिर्च, अदरक, लहसुन सब हमाम दस्ते में दुँचवाया था। वो तो सिल-लोढ़ी पर पिसवाना चाहते थे। तेल और मसाले में बैंगन ऐसे चमक रहे थे कि सब्जी देखते ही मन मले। बरात जब रवाना होने लगी तब रामपुरा वाली मौसी ने मुझे एक तरफ़ बुलाकर धीरे से पूछा– "बैंगन की सब्जी बीत गई क्या।" मैंने कहा–"नहीं, बची है।" मुझसे कहकर एक बाल्टी भर सब्जी धरवा ली मौसी ने। बारात लौटकर वापिस आई तब बाल्टी में थोड़ी-सी बची थी। गर्म पूड़ी से पोंछकर खाई। सर्दी के दिन थे सब्जी वैसी की वैसी धरी थी। ख़राब नहीं हुई थी। आचार हो जैसे। हमेशा ऐसा नहीं होता। बाबू जी कहा करते थे–"राग, रसोई, पागड़ी कदी-कदी हो जाए।"

न हो तो बैंगन की सब्जी के लिए तो सियाराम से कहा भी जा सकता है। घर की ही तो बात है। सब्जी न सही भुर्ता ही बना ले। सेंककर सिल पर बाँट ले। छौंके-बघारें नहीं। उससे बैंगन की असली गंध मारी जाती है। हरा धनिया थोड़ा ज़्यादा डाले। बस रोटी रात की ही तरह आकरी। छाछ हो तो कहना ही क्या। नमक के साथ जीरा सेंककर डालने से काम बढ़िया हो जाएगा। एक डली गुड़!

कितना-सा खाना है। कितना-सा भी हो पर आनंद तो पूरा लेना चाहिए कि नहीं?

खाने के बाद आधी धूप आधी छाया में खटिया बिछाकर चादर तान ली तो समझो स्वर्ग का ही आनंद आ जाए। लेकिन मैं सोऊँगा नहीं। मुझे वहाँ जाना है जहाँ सियाराम के पिता जी अपनी गायें लेकर गए होंगे चराने। जब यह बात मैं सियाराम को बताऊँगा तो हो सकता है उसे थोड़ी हैरानी हो। शायद झुँझलाहट। हो तो हो! मैं जिस काम के लिए आया हूँ उसे कैसे छोड़ दूँ। मुझे एक चरवाहे के साथ कुछ तो वक़्त बिताना है। आजकल असली चरवाहे होते कहाँ हैं?

इस बार मैं पहले से नहीं बताऊँगा। इसलिए सियाराम के पिता जी गायें चराने ले गए होंगे। मैं सियाराम से कहूँगा कि वो मुझे वहाँ तक छोड़ दे या रास्ता बता दे, वहाँ मैं ख़ुद चला जाऊँगा। हो सकता है सियाराम दिलख़ुश से कहे–"देख दिलख़ुश! साहब भी कसी बातां करै छै।" सियाराम और दिलख़ुश मुझे साहब ही कहते हैं। दिलख़ुश क्या कहेगा, हँस देगा। उसकी उम्र अभी ज़्यादा नहीं है। हर

बात पर हँस देता है, जो बात उसकी समझ में नहीं आती उस पर भी। उसकी हँसी निश्छल है।

सियाराम और दिलख़ुश से लौट जाने के लिए कहूँगा जिद करके। सियाराम थोड़ा प्रतिवाद करेगा। दिलख़ुश हँसेगा। अंततः वे लौट जाएँगे। मैं बिना बताए मिलना, और रहना चाहता हूँ।

अब मैं होऊँगा। नदी दिखती होगी वहाँ से, ऊपर दूर तक फैला मैदान। ऊँची-नीची ज़मीन, झाड़ियाँ, कहीं-कहीं पेड़। पेड़ पहले ज़्यादा रहे होंगे। इधर-उधर फैले चरते जानवर–गायें, भैंसें, बकरियाँ, भेड़ें। किसी ने एक खूँटी ठोककर मझोले कद की एक घोड़ी भी बाँध रखी होगी।

सारे गाँव के जानवर आते होंगे यहाँ चरने। सियाराम के पिता जी भी अपनी गायें लेकर यहीं आए होंगे। एक दो और भी होंगे, ग्वाले, चरवाहे। एक लड़की भी होगी, जो बकरियाँ लेकर आई होगी। उसके खुले हाथों और टाँगों की साँवली सूखी त्वचा पर ज़रूर झाड़ियों के काँटों से बनी हुई सफेद रेखाओं जैसी खरोंचें होंगी। झाड़ियों के बेर सारे खतम थोड़े ही हो गए होंगे।

एक निर्जन एकांत का आकाश और उसमें तैरता किसी पशु, किसी पंछी या किसी ग्वाले की आवाज़ का कोई स्वर। ऐसी ही तो पृष्ठभूमि होगी जब कृष्ण ने बाँसुरी बजाई थी। वह सब यदि सिर्फ़ कल्पना भी है तो उस कल्पना की कल्पना या उसका स्मरण भी कितना अद्भुत अनिर्वचनीय है।

मैदान के बीच में दो-तीन पेड़ों की छाया में साफ़ करके छोटी सी जगह बैठने, सुस्ताने, बतियाने, खाना खाने के लिए बनाई हुई होगी। वहाँ बैठते होंगे, विराम करते होंगे ग्वाले। वहीं होंगे सियाराम के पिता जी। सबसे पुराने ग्वाले शायद वे ही होंगे।

उनके पास रोटियों की पोटली होगी और एक कपड़े की थैली में लपेटी हुई प्लास्टिक की पानी की बोतल। वैसे सर्दियों में पानी की इतनी ज़रूरत न होती होगी। फिर भी...।

मैं सियाराम के पिता जी से मिलूँगा। पिछली बार मिले थे तब वे मेरे पैर छूने लगे थे। मैं बड़ी मुश्किल से ख़ुद को बचा पाया था। वे मुझे पहचान तो लेंगे। न पहचानें तो ज़्यादा अच्छा है। बूढ़े आदमी हैं, बिलकुल भोले। उनके चेहरे की निश्छलता न कही जा सकती है, न भूली जा सकती है। वे सचमुच वैसे ही ग्वाले चरवाहे हैं जैसे कृष्ण, ईसा या हजरत मोहम्मद रहे होंगे।

एक दो ग्वाले और आ जाएँगे। उन्हें ज़्यादा मतलब न होगा, ये जानने से कि मैं कौन हूँ? क्यूँ आया हूँ? वे जानने से ज़्यादा न जानने के कौतूहल का आनंद लेने के अभ्यासी होंगे। मुझे भी कोई ख़ास ज़रूरत न होगी परिचयात्मक कुछ पूछने या बताने की। लोग वैसे भी तो मिल सकते हैं।

कुछ देर यूँ ही बीत जाने पर वे साभिप्राय हँसें शायद। या ख़ुद ही मेरे बारे में बात करने का सिलसिला निकालें। एक-दूसरे को जताएँ। अंदाज़ा लगाएँ। ठिठोली करें। मैं कौन हो सकता हूँ? कहाँ से आया हूँ? वगैरह-वगैरह। वे जो बातें करेंगे उनकी कल्पना करना इतना आसान नहीं है। हो सकता है इस दौरान वे कोई किस्सा या कहानी कहें, सुनें-सुनाएँ। कोई गीत, पहेली या किसी प्रचलित गाने का उनका अपना मौलिक नितांत स्थानीय संस्करण सुनने को मिले। हो सकता है तात्कालिक किसी घटना को लेकर उन्होंने कोई अभिनव लोक-गीत रच रखा हो। वे कोई प्रचलित भागदौड़ का खेल गिल्ली-डंडा, दड़ी-मार-दूंचड़ा, सितोलिया जैसा या ज़मीन, पत्थर पर रेखाएँ बनाकर कंकर की गोटियों से खेला जाने वाला शेर-बकरी, राजा की राड़ या सोलह सार जैसा कोई खेल खेलें। बहरहाल, कुछ भी हो मेरे लिए तो वह सबकुछ अभिनव और अनूठा होगा।

पशु, पशु-पालक, चरागाहें, चरवाहे, ग्वाले ये सब अब हमारे जीवन से विलग हो चुके हैं। जो बचे हैं वे तेज़ी से विलग हो रहे हैं। विनष्ट हो रहे हैं। यह कैसा निर्मम समय है। हम उनके जीवन, जीवनचर्या, उनकी बातों के विषय, उनके किस्से-कहानियों, गानों-पहेलियों, खेलों, चुहलबाजियों के बारे में कुछ नहीं जानते। फिर उसकी कल्पना भी कैसे कर सकते हैं। दरस-परस, सानिध्य, सहचर्य, सोहबत, संगत अगर कुछ है या होता है तो वो या उस जैसा कुछ जो भी, जितना भी मुझे मिलेगा, वही मेरा हासिल होगा।

सर्दियों का दिन है। सूरज को अपने घर जाने की जल्दी रहती है। सूरज को ही क्यों सबको ही, मुझे भी है। मेरा घर तो बहुत दूर है फिर भी मैं कोशिश करूँगा उनके साथ-साथ लौटूँ। संध्या...ग्राम्य संध्या। फिर से अपना रंग फ़िज़ा में भरने लगेगी। उसका अपना असर तो है ही। पशुओं के घर लौटने की बेला-गौधूलि बेला। बड़ा नाम सुनते हैं। कभी देखी महसूस की? आख़िरी बार कब हुआ था उस संध्या से साक्षात्कार? पता नहीं।

क्या संध्या के उस रतनारे सुरमई धुँधलके में घुली पशुओं के पाँवों से उड़ती धूल की गर्द के बीच गायों के गले में बँधी घंटियों की आवाज़ों का जादू मेरे

सामने घटित होगा। अगर हुआ तो मैं उस ग्राम्य संध्या के अनुभव को आजन्म नहीं भुलाऊँगा। अब जीवन बचा ही कितना-सा है। भले ही वापस लौटने में देर हो जाए, लेकिन मैं जल्दी नहीं करूँगा, मैं उन्हीं के साथ लौटूँगा।

लौटने में सियाराम दिलख़ुश कहाँ मिलेंगे कह नहीं सकता। वे जहाँ भी मिलेंगे मैं उनसे बिना देर किए निकलने यानी रवाना होने की बात कहूँगा। वे खाना खाकर या सुबह जाने का आग्रह करेंगे, पर मैं दृढ़ता से टाल दूँगा। ज़्यादा-से-ज़्यादा एक चाय और पी जा सकेगी चलने से पहले। रात ज़्यादा होने से पहले लौटना होगा फिर से अपने शहर की ओर...।

ख़त्म होते जाते गाँव, खेती, पेड़, पानी और जंगल के बारे में सोचते हुए। खोती हुई ख़ुशबू, स्वाद और प्रेम व्यवहार के बारे में, उन सबके बारे में जिनके बारे में सोचते-सोचते हम सबकुछ हो सकते हैं—दार्शनिक, राजनैतिक, सामाजिक, धार्मिक, वैज्ञानिक या और कुछ सिवाय नैसर्गिक या प्राकृतिक होने के।

क्या सियाराम के गाँव जाकर कुछ समय, एक या डेढ़ दिन प्राकृतिक हुआ जा सकता है। शायद...यही तो। यही मैं भी सोचता हूँ। इसीलिए तो जाना चाहता हूँ सियाराम के गाँव।

किस दिन जाऊँगा यह अभी तय नहीं है। लेकिन एक दिन जाऊँगा ज़रूर सियाराम के गाँव। एक बार सर्दी के दिनों में जा आऊँ, फिर वर्षा में किसी दिन सियाराम के गाँव जाने की कल्पना करूँगा। बारिश में नदी और नदी के किनारे का गाँव जिन लोगों ने नहीं देखा उनके लिए उसकी कल्पना करना भी आसान नहीं है।

17/12/17

❐

कोई देखे...तेरा जाना

(1)

रोज़मर्रा की ज़िंदगी में अगर हम गौर करें तो हमें अपने आस-पास अनेक ऐसे सामान्यजन मिलेंगे, जिनमें मनुष्यता के उच्च गुण होते हैं। न केवल विचारों और कथनी में बल्कि आचरण में भी ऐसे आदर्श मूल्यों की धारणा करने वाले आमजन की तरफ़ प्रायः हमारा ध्यान नहीं जाता। बिना ख़्यातिलब्ध लोगों के जीवन की अंदरूनी हक़ीक़त जाने बग़ैर हम सिर्फ़ कुछ चुनिदा लोगों का महिमा मंडन गुणगान करते रहते हैं। प्रसिद्ध को सिद्ध करने का प्रयास कठिन नहीं होता लेकिन जो अपने विचारों, वाणी और व्यवहार में जीवन के आदर्श परमार्थिक मूल्यों को धारण करने वाले सामान्यजन हैं, जो सप्रयास, आत्म-प्रदर्शन, आत्म-प्रशंसा, लोकेषणा से स्वयं को विरत रखते हैं, बचाते हैं, उनके बारे में जानने और कुछ कहने का कार्य प्रायः बड़े कहलाने वाले लेखक नहीं करते। उनके बारे में जानना, कहना, लिखना कठिन होता है-शायद ज्यादा यशप्रदायी, फलप्रद भी नहीं।

रवि कुमार के बारे में जानना और कुछ कहना किंचित ऐसा ही उपक्रम है।

प्रगतिशील, जनवादी, वामपंथी विचारधारा के सांस्कृतिक, साहित्यिक और मज़दूर आंदोलन से जुड़े बहुत सारे लोग कोटा (राजस्थान) के कवि, लेखक, रंगकर्मी, एक्टिविस्ट शिवराम (शिवराम स्वर्णकार) को जानते हैं। भले ही उनकी पारिवारिक पृष्ठभूमि, उनके जीवन संघर्ष के बारे में उन्हें बहुत ज़्यादा जानकारी न हो तो भी यह बात उनको जानने वाले अच्छी तरह से जानते हैं कि शिवराम, एक अच्छे, मिलनसार व्यक्ति, सच्चे विश्वसनीय मित्र, सक्रिय रचनाकार और संघर्षों से न घबराने वाले कर्मठ कार्यकर्ता थे। उनके जीवन, कृतित्व और व्यक्तित्व के बारे में बहुत सारी बातें, बहुत सारे लोगों ने कही हैं। बहुत सारी बातें अनकही हैं। कहने से रह गई हैं। अभी कहने का प्रसंग नहीं है। रवि, शिवराम जी का सबसे बड़ा पुत्र था, दोनों अब कीर्तिशेष हैं। शिवराम जी ने इकसठ वर्ष का जीवन पाया और

रवि ने मात्र छियालीस वर्ष। बग़ैर किसी अन्यथा भाव और तुलना के मन्तव्य के ससंकोच यह कहता हूँ कि रवि का जीवन कई मामलों में शिवराम जी से उन्नीस नहीं था। रवि का जन्म और पालन-पोषण जिस संघर्षरत जीवन के सक्रिय वैचारिक परिवेश में हुआ उसके बारे में अपनी तरफ़ से कुछ कहने के बजाय शिवराम जी की ही एक कविता का उल्लेख करना उचित होगा। कविता लंबी है किंतु बहुत सार्थक और मार्मिक है। रवि के जीवन को जानने के प्रामाणिक स्रोत के रूप में कुछ अंश दृष्टव्य हैं:-

बेहतर दुनिया का सपना

तुम चाहते थे–फूल, तितलियाँ, चिड़ियाँ
फिरकनी, कार, छोटी-सी रेलगाड़ी
तुम चाहते थे, मेरे साथ घूमना
मेरे साथ खेलना, मस्ती करना
रात को सोने से पहले कहानी सुनना चाहते थे
तुम चाहते थे, जब रो रहे होते थे तुम तब
मैं तुम्हें उठा लूँ, गोद में चूम लूँ
पोंछूँ आँसू और पूछूँ, 'किछने माला हमाले बेटे को'
मारूँ खाट के पाए को, जिससे तुमने टक्कर खाई
पीटूँ धरती को, डाँटू तुम्हारी माँ को
तुम्हारी आँखों में आँसू और होठों पर हँसी का
दृश्य, मैं नहीं देख पाया कभी भी
मैं निष्ठुर
अपने सपनों की दुनिया बनाने में जुटा रहा
ऐसी दुनिया जिसमें सबके लिए, सबकुछ हो
फूल, तितलियाँ, चिड़ियाँ
रंग, आकार, स्वर, स्पर्श तरह-तरह के
घर, पाठशाला, औषधालय
सबका कोई मुक़ाम हो, सबके लिए काम हो
ऐसी दुनिया
जिसमें बम और बंदूक नहीं

खिलौने, चिमटे, तवे, काग़ज़, कपड़े,
पेंसिल और रबर बनते हों
प्रिय को बनाने और असुंदर अप्रिय को मिटाने के लिए
ऐसी दुनिया
जहाँ डर हो, न फ़िक्र–न फ़र्क़ हो आदमी-आदमी में
लेकिन कहाँ कर सके हम ऐसा,
ज़िंदगी का बड़ा ऊर्जावान हिस्सा गुज़र गया
न नई दुनिया बना पाए
न पुरानी दुनिया का जितना भी बचा हुआ सुख था,
वह अनुभव कर सके
फिर भी कोई अपराध बोध
कभी कोई पछतावा नहीं हुआ
जब तुम बड़े होने लगे
चीज़ों के तिलस्म को समझने लगे
मेरे सपनों का सार जानने लगे
जब मैंने जाना कि तुम्हें मुझसे शिकायतें कम हैं
मुझ पर गर्व ज़्यादा
मेरा सपना तुम्हारी भी आँखों में तैरने लगा
मुझे लगा
बेहतर दुनिया का सपना मर नहीं गया है
वह जीवित है तुम्हारी आँखों में
मैं फिर से जवान होने लगा
मैं अब पहले से कहीं अधिक आश्वस्त हूँ
कि बेहतर दुनिया बनाने में
हम जरूर कामयाब होंगे
लो ये कुछ खिलौने लाया हूँ मैं
तुम्हारे बेटे के लिए
इनमें एक शेर है, कई बकरियाँ
कुछ ख़ाली काग़ज़, कुछ पेंसिल और एक रबर
आज रात जब वह मेरे पास सोएगा
मैं उसे ढेर सारी कहानियाँ सुनाऊँगा

उससे पहले हम एक-दूसरे को गुदगुदी कर, ख़ूब हँसेंगे-हँसाएँगे
अपने सपनों को और हसीन बनाएँगे।

शिवराम जी नहीं हैं और रवि भी अब नहीं है। रवि के बारे में बहुत कुछ है कहने को, पर कुछ कहने से पहले क्यूँ न रवि की बेटी सौम्या और बेटे सौमित्र की कविताओं के कुछ अंशों पर नज़र डाल लें।

बेटी सौम्या की कविता–'तुम्हारी ज़िंदगी के नाम'

कि हाँ कुछ आँसू बहे
एक आँसू उन नगमों के नाम
जो हम अब नहीं गा पाएँगे
एक आँसू उन ठहाकों के नाम
जो हम साथ नहीं लगा पाएँगे
एक आँसू
देर तक जगी किस्से कहानियों भरी रातों के नाम
उन बहसों के नाम जो अब गरम नहीं हो पाएँगी
और भी आँसू हैं मेरी झोली में
पर न जाने कहाँ से
एक मुस्कुराहट ने दरवाज़ा खटखटाया
और अपना नाम बताया, रविकुमार

रवि कुमार की बेटी सौम्या अभी पढ़ रही है। उसने बी.एस.सी. किया है। बी.एड. कर रही है। वह रवि की शवयात्रा में शामिल थी। श्मशान तक गई। शवदाह के समय उसने सारे पारंपरिक कर्मकांडों का निषेध दृढ़ता से किया। अपने पिता को अंतिम विदाई देते हुए पूरे जोश से कहा–'कॉमरेड रवि कुमार, लाल सलाम!' जवाब में श्मशान की शांति में प्रतिध्वनित हुआ–'लाल सलाम! लाल सलाम!!'

बेटे सौमित्र ने तो अभी बारहवीं पास की है। वह एक कविता में कहता है–

क़ब्र खुदेगी

जब सब मुर्दे सोए हुए थे
जब उसने अपनी क़ब्र खोदी
वह उठ खड़ा हुआ
जुट पड़ा औरों को जगाने

वह क़ब्रें खोद ही रहा था कि
एक तूफ़ान उसे अपने साथ ले गया
आधी खुदी क़ब्रों ने
अब ख़ुद खुदना शुरू कर दिया है
वे भी उठेंगे एक दिन
मुर्दे फिर जगेंगे
क़ब्रे और खुदेंगी।

मृत्यु क्या करती है, मर्म पर आघात करती है लेकिन जीवन उससे हारता नहीं। मनुष्य का हृदय मृत्यु के मर्म पर किए आघात को झेलकर और भी अधिक पक्का हो जाता है, सुदृढ़-कठोर। समय ने जीवन की जय की कथा पाषाण पर उत्कीर्ण कर दी हो जैसे। हृदय की यह दृढ़ता चेहरे पर भी दिखाई देती है। ज़िंदगी और ज़िंदादिली की मिसाल बनकर। जब मैं शिवराम जी की पत्नी और रवि की माँ सोमवती देवी तथा शिवराम जी के सबसे छोटे बेटे पवन से उनके कोटा तलवंडी स्थित मकान 4-पी-46 पर मिला। तब वह मई के महीने के आख़िरी दिनों का अपराह्न था। बाहर धूप तप रही थी लेकिन कमरे की गर्मी उससे कम न थी। घर की कई दीवारों पर आकांक्षा की बनाई पेंटिंग्स टँगी थी। शिवराम जी और सोमवती देवी की चार संताने हैं-सबसे बड़ा रवि, उससे छोटा शशि, सबसे छोटा पवन और बेटी आकांक्षा।

रवि की माता जी और भाई पवन से मिलकर लगा रवि के न रहने, अल्पायु में असमय चले जाने का उन्हें दुख तो है किन्तु उसके सक्रिय, सार्थक और खरे जीवन का गर्व उससे बड़ा है।

पारंपरिक घर-परिवार की पृष्ठभूमि में से निकले शिवराम कैसे क्रांतिकारी विचार से जुड़े, रचनात्मक जनान्दोलनों में सक्रिय हुए, इसी यात्रा में रविकुमार जन्मा और बड़ा हुआ। कहानी के कई मुक़ाम, कई चरित्र, कई घटनाएँ, कई किस्से हैं। अपने समय के बड़े लेखक स्वयंप्रकाश जी की आत्मीय उपस्थिति और भागीदारी इस यात्रा में जानकर सुखद आश्चर्य हुआ। सारी बातें कहेंगे बात लंबी हो जाएगी। कई किस्से दरपेश होंगे उभर जाएँगे इसलिए हम सिर्फ़ रवि की बात करेंगे।

"यह जो रविकुमार नाम का शख़्स था-इसमें जीवन की समझदारी और ज़िम्मेदारी ज़रा जल्दी आ गई, उम्र से पहले।" पवन बताता है-"तीसरी क्लास से तो मुझे याद है, शिवराम जी की सीमित तनख़्वाह और छोटा घर। अकेले सदस्य परिवार

के, सरकारी नौकरी में थे और कोटा शहर में रहते थे। गाँव के घर-परिवार के लोग समझते थे-परिवार की कमज़ोर बेल (लता) के सहारे का यही तो एक मज़बूत तना है। गाँव से परिवार के लोग, लड़के, बच्चे आते रहते। घर भरा रहता, पर क्या मजाल जो किसी की ज़बान पर कोई शिकायत आ जाए। दिन भर घर की चहल-पहल भीड़-भाड़, शोर-शराबे में पढ़ना नहीं हो पाता।"

रविकुमार छोटे भाइयों के रिंग मास्टर थे। स्कूल से आते ही, सबको डपटकर सुला देते, दिन में सोते-सुलाते और रात में उठकर, पढ़ते-पढ़ाते। पिता की जनान्दोलनों में सक्रियता, आर्थिक सीमितता और रविकुमार की, अगेती समझदारी। बाज़ार से किताब ख़रीदने का ख़र्चा न हो इसलिए स्कूल की लाइब्रेरी से किताबें लाई जातीं और रात-रातभर जागकर, उनके नोट्स बनाए जाते। किताब जमा कराने की निर्धारित तिथि से पहले, तय तारीख़ को पहली किताब जमा करवाकर दूसरी किताब इश्यू कराई जाती। रविकुमार मानो ख़ुद को रच रहा था।

दादाबाड़ी पी एंड टी (पोस्ट एंड टेलिग्राफ) कॉलोनी में मकान था और स्कूल था, विज्ञान नगर में। सड़क-सड़क घूमकर जाओ तो होगा तीन-चार किलोमीटर के क़रीब। माँ टेम्पो में बैठकर जाने के लिए पैसे देती। रवि और शशि, घूमकर जाने के बजाय, हवाई अड्डे का बड़ा मैदान पैदल पार करके जाते और टेम्पो के पैसे बचा लेते। वे उन पैसों को उड़ाते या ख़र्च नहीं करते थे बल्कि स्कूल में खुले बचत खाते में जमा करते। इकट्ठे होने पर ये पैसे माँ को दिए, घर ख़र्च में काम आ जाएँ इसलिए। माँ को जब पता चला कि बच्चों ने पैदल चलकर टेम्पो के पैसे बचाए हैं तो ज़रूर उनका मन भर आया होगा, जब सुनते हुए मेरा ही भर आया।

रवि को पॉलिटेक्निक का डिप्लोमा करना था, वही उसने किया। बिना किताबें ख़रीदे। लाइब्रेरी से किताबें लाकर, रात-भर जागकर नोट्स बनाकर। उनसे पढ़कर डिप्लोमा किया, टॉप किया। महेंद्र जी (महेंद्र नेह) बताते हैं उन दिनों जो डिप्लोमा टॉप करता था उसे बग़ैर प्रवेश परीक्षा दिए, बी.ई. में सीधे प्रवेश मिल जाता था। रवि को भी मिल सकता था लेकिन रवि ने यह अवसर दूसरे नंबर पर रहे साथी के लिए छोड़ दिया, इंजीनियरिंग की डिग्री नहीं ली।

नौकरी के लिए जहाँ भी उसे भनक लगी कि शिवराम जी की सिफारिश या परिचय का प्रभाव है वहीं जानबूझकर मना कर दिया, नौकरी ली ही नहीं। अपनी क़ाबलियत के दम पर हासिल की, रावतभाटा एटोमिक पावर प्रोजेक्ट (आर.ए.पी.पी.) में सहायक साइंटिफिक ऑफिसर डी की नौकरी और जीवन भर एस.ओ.डी.

ही बना रहा। कई अवसर आए पदोन्नति के लेकिन जान-बूझकर ठुकराता रहा, वह अफ़सर बनना ही नहीं चाहता था। वह क्या चाहता था?

यह सवाल वह दरवाज़ा है, जो हमें रवि की ज़िंदगी में प्रवेश करने के लिए खोलना पड़ेगा। वह क्या चाहता था? यह कहना कठिन नहीं है—बहुत सारी आदर्शवादी बातें करके इस सवाल का जवाब दिया जा सकता है, लेकिन यह सच है कि इस तरह दिया गया जवाब, वह जवाब़ नहीं हो सकता, जो रवि देता। वह कहता—"हम जो चाहते हैं उसे कहना, भाषण में, कविता में, कला में, यह तो आसान है। आप सब कर भी रहे हैं यही सबकुछ। कविताएँ करते हैं, बहस करते हैं, भाषण देते हैं, मीटिंगें करते हैं, सम्मेलन करते हैं, नाटक करते हैं—इस सबसे क्या होता है। मैं यह नहीं कहता कि इससे कुछ नहीं होता। होता है। लेकिन हक़ीक़त में वह नहीं होता जो हम चाहते हैं। न हमारा जीवन बदलता है, न किसी और का जीवन बदलता है। जीवन बदले बिना, कुछ नहीं बदलता। हमें ख़ुद को बदलना पड़ेगा तब दूसरों को बदला जा सकता है। अगर ज़मीन को नहीं बदला तो, फसलों को नहीं बदला जा सकता, ज़माने को नहीं बदला जा सकता।"

रवि कुमार ने ख़ुद को बदला, उसने किताबों को न केवल ख़रीदा, इकट्ठा किया, उन्हें पढ़ा, बल्कि गुना और जीवन में उतारा। इस तरह नहीं कि वह केवल वक्तव्य, वाणी, भाषा का अलंकार बनकर प्रकट हो। ज्ञान उसके जीवन में व्यवहार आचरण बनकर आलोकित था।

रविकुमार सिद्धांत, ज्ञान, आदर्श और जीवन के बीच की दूरी को ख़त्म कर देना चाहता था। वह कोई बात कहकर नहीं, करके दिखाना चाहता था। यही सब वह रावतभाटा में नौकरी करते हुए लोगों के बीच रहकर कर रहा था।

जनकवि हंसराज चौधरी, जो लंबे समय तक रावतभाटा में रहे। उसी प्लांट में, जिसमें रवि था। मज़दूरों के सक्रिय आंदोलन के अगुआ बनकर। उन्होंने रवि को जैसा देखा, पाया और मुझे बताया उसका लब्बो-लुआब यही है। रविकुमार ने दाढ़ी-बाल बढ़ा रखे थे और सिर पर गमछा लपेटे रहता था। इसी बनाव में काम पर जाता। अपने सहकर्मियों, उच्चाधिकारियों से मिलता। सहज-सरल, निश्छल। बातें, हँसी, अंदाज़ सबकुछ ऐसा था जैसे उसने अपने आपको अपने इर्द-गिर्द रहने वाली, न दिखने वाली प्राणाधार, जीवनदायिनी हवा में घुला दिया था। उसने अपने आपको लोगों में अच्छी तरह मिला लिया था।

साथियों, मित्रों, सहकर्मियों की मददगारी के अनेक किस्से हैं जिनके बारे में न तो वह चर्चा करता था और न ही चाहता था कि कोई उसकी चर्चा करे।

कहने को तो बहुत कुछ कहा जा सकता है। कुछ सधे हुए, बँधे हुए शब्दों में रविकुमार का परिचय देना हो, तो कहा जा सकता है–"कोटा (राजस्थान) के पास रावतभाटा में रहने वाले रविकुमार कविताओं के अलावा चित्रकारी भी किया करते थे। वे अपने कविता, पोस्टरों और रेखाचित्रों के लिए विशिष्ट रूप से पहच. ाने जाते थे। छुट-पुट रूप से साहित्य की अन्य विधाओं में भी लेखन कर लिया करते थे और रंगकर्म से भी जुड़े हुए थे। उनकी कविताएँ और रेखाचित्र हिंदी की कई प्रतिनिधि पत्र-पत्रिकाओं में छपते रहे हैं। कई कविता-पोस्टर एवं कला-चित्र प्रदर्शनियाँ आयोजित हो चुकी हैं। वे साहित्यिक-सांस्कृतिक गतिविधियों में भरसक भागीदारी किया करते थे।

'विकल्प' जन सांस्कृतिक मंच कोटा द्वारा अपनी विकल्प-पुस्तिका श्रृंखला के अंतर्गत उनकी एक कविता पुस्तिका 'एक नए जहाँ का आग़ाज़' 2006 में प्रकाशित हुई थी।" (एक विश्वसनीय विषय-संदर्भ से प्राप्त परिचय)

हम रविकुमार के लिखे हुए और चित्रांकन से निहितार्थ निकालें और जनता को समझाएँ या जनता के बीच प्रस्तुत करें और जन को ही इसके निहितार्थ समझने दें। इस परिचय से यह भी पता नहीं चलता कि वह अपने आपको और अपने आपके परिवेश को बदल रहा था।

यह एक थोड़ी कठिनाई से विश्वास करने वाली बात थी। यह जाने बिना कि जिन बदलने वाले लोगों की बात हम करते हैं जिन लोगों के बीच रवि रहता था वे क्या कहते हैं, क्या वे सचमुच बदले? क्या वे सचमुच रवि की वजह से बदले? वे बदल कर क्या हुए? न बदलते तो क्या होते? शायद इसी सबके बीच हमें रवि मिल जाए। रावतभाटा जहाँ रवि ने 1994 से लेकर 2017 तक के, जीवन के आधे से अधिक वर्ष बिताए–यह सब पता लग सकता है पर उसके लिए रावतभाटा जाना पड़ेगा।

रावतभाटा

(2)

रावतभाटा जिस दिन जाना तय था उस दिन जाना नहीं हुआ। जाने वाले दिन से एक दिन पहले ही चित्तौड़ जाना पड़ा। वहाँ से आने पर सात तारीख़ (07.05.2019)

को सोचा कि कल हो आएँ। पवन से बात की और बेटे (सौमित्र) से बात की, जाना तय हो गया।

कल यानी आठ को सुबह घूमने जाना मुल्तवी किया और नहाकर–नाश्ता करके (स्वनिर्मित) रावतभाटा जाने को निकल पड़े। पैदल ही, ये रहा घोड़े वाले बाबा चौराहा। वहीं से तो जाती हैं रावतभाटा की बसें। पेट्रोल पंप से मल्टीपरज स्कूल की तरफ़ जाने वाली सड़क से जहाँ हमारी कॉलोनी की सड़क मिलती है, वहीं बाएँ हाथ पर एक छोटा तिकोना सरकारी पार्क है 'देवरस पार्क'। पार्क सरस नहीं है। उसी के किनारे दो पेड़ों की छाया में, सरस दूध की गुमटी के पास वे तीनों जने मुड्डों पर बैठे बतिया रहे थे। मुझे देखकर उठे। मुझ तक आए, कुछ वे और कुछ में उनकी तरफ़ गया। कुशलक्षेमोपरांत उन्होंने सबब पूछा–सफ़र का। मैंने कहा–"रावतभाटा जा रहा हूँ।" उन्हें मेरे कार न ले जाकर रोडवेज की बस से जाने पर जितना आश्चर्य हुआ, उससे ज़्यादा आश्चर्य हुआ, मेरे घोड़े वाले बाबा चौराहे तक पैदल जाने वाले उपक्रम से। मेरे लिए तो क्या है–फर्नीचर मार्केट और ये घोड़े वाला चौराहा।

पैदल चलने से अच्छा ही लगा-
हवा चल रही थी वैशाख की
गर्म नहीं हुई थी अभी
बीच में कुछ हवाएँ, कुछ बदलियाँ
ऐसी आईं कि उन्होंने मौसम को थामे रखा
बचाए रखा गर्म होने से
हवा चल रही है, गर्म नहीं हुई अभी
नीम ख़ुश है हिल रहा है
गुलमोहर हँसता है, खिल रहा है
बस खड़ी है, रवाना होने को तैयार
सवारियों के इंतज़ार में
बस फिर भी बहुत देर खड़ी रही।

रास्ते में जंगल है, दोनों तरफ़ और घाटी में घूमती बलखाती सड़क। जंगल में ज़्यादातर धौंकड़े के ही वृक्ष हैं। पत्तियाँ गिरा चुके। सुडौल बाँहें और सुंतवाँ अंगुलिया ऊँची किए। निर्वसन एक विशाल सामूहिक स्नानागार में खड़े हैं खुले में। अग्निस्नान की आकांक्षा में। 'बाड़ौली' के स्मारक पहले कभी देखे थे। अभी या

लौटते वक़्त भी रुकना, देखना सम्भव ही नहीं। कभी कुछ समय यहाँ बिताने को मिले तो अच्छा ही लगेगा।

बस चारभुजा बस-स्टैंड पर जाएगी या नहीं? पड़ोस में बैठे एक नौजवान से पूछा, जो पढ़ा-लिखा जैसा ही लग रह था। था या नहीं राम जाने। "बस चारभुजा बस-स्टैंड पर जाएगी?" वह बोला-"नहीं जाएगी।"

"तो! तो क्या!" इतने में एक सज्जन जो आगे की सीट पर बैठे थे पीछे मुड़कर बोले-"जाएगी, जाएगी! आप परेशान मत होइए।" जिस पढ़े-लिखे से लग रहे नौजवान ने बताया था कि नहीं जाएगी, मैंने उसकी तरफ़ देखा उसका मुख, चुनाव में झूठ बोलने वाले नेता की तरह लग रहा था।

(3)

बेटू मुझे चारभुजा बस-स्टैंड पर लेने आ गया, स्कूटर लेकर। कॉलोनी में चौड़ी सड़कें हैं, सफ़ाई भी है। चतुर्थ टाइप क्वॉर्टरर्स के 56वें ब्लॉक में 'ई' नंबर का क्वॉर्टर है, जिसमें रवि अपने परिवार सहित कई बरस रहा। रवि की पत्नी अनीता स्वर्णकार जब विवाह कर आई, तब शिवराम जी के बारे में तो थोड़ा बहुत जानती थीं, रवि के बारे में कुछ पता नहीं था। बेटी सौम्या (चिया), बेटा सौमित्र (बेटू)। रवि के बारे में वे थोड़ा बोलती हैं। बताती हैं कि-"उन्हीं की प्रेरणा से डबल एम. ए. किया और स्त्री-पुरुष की समानता को समझा।" सौमित्र ज़्यादा बता रहा था कि उसने रवि जैसा ही सहज और खिला हुआ स्वभाव पाया है। उसे यह भान है रवि ने उसे और बहन चिया को बेहतर तरीक़े से जीवन के बारे में समझदार बनाया है।

उसने रवि के उन सब साथियों को सूचित कर दिया है, जो उसके अंतरंग दायरे में थे। सभी शाम को आने वाले थे।

हमारे पास दोपहरी थी और वह कमरा था, जिसमें रवि रहता था। खिड़की की तरफ़ कोने में एक तख़्ता, दूसरे कोने में कंप्यूटर की मेज़-कुर्सी। रवि किस-किस आसन, मुद्रा में कंप्यूटर पर बैठकर सोशल मीडिया में हस्तक्षेप करता था, बेटे ने वे सब मुद्राएँ बैठ-बैठकर बताईं। दोनों टाँगें लटकाकर, एक टाँग मोड़कर, दबाकर, मेज़ पर टाँगें ऊपर रखकर-बैठने की। उसने कविताकोश के लिए अपनी कविताओं का चयन कर रखा था। क्या पता भेज पाया या नहीं, वे शायद वहाँ हों। मैंने वह पूरा फोल्डर बेटू से कहकर अपने लिए मेल करवा लिया। रवि की कविताएँ एक

साथ पढ़ते हुए लगता है–कविता की ताक़त, शानदार कविताएँ। कुछ जायजा लेते चलें, बुरा नहीं है–

मैंने आफ़तज़दा कारवाँ को पानी पिलाया
और राह दिखाई
इसी से मुझे जंजीरों से सजाया गया
और एक गोरकन को नशे में डुबोकर
ज़बरदस्ती तैयार किया गया
जब तक क़ब्र ख़ुदती
मैंने बेतकल्लुफ़ी से हँसी लुटाई
और क़ुर्बानगाह में फुसफुसाकर
अपने-आप से की बेबाक गुफ़्तगूँ
वह हर खित्ते में गूँज गई
और कविता में मुंतक़िल हो गई
मैं ज़मीं के इस सिरे से दूसरे सिरे तक
बोने में जुटा हूँ तमाम कविताएँ
जिन्हें नज़ाकत से जिया है मैंने

बेटू बताने लगा वे कैसे कोशिश करके लोगों से मिलते-जुलते थे और मेल-जोल बढ़ाते थे। शुरू में नए-नए आए थे चन्दैया कड़ियम, आन्ध्र प्रदेश से। यहाँ हिंदी भाषी लोगों से उनको और उनसे यहाँ के लोगों को घुलने-मिलने में संकोच था। बाधा थी अपनापन उपजने में। रवि ने तुरंत उनसे संपर्क साधा, और तेलुगू सीखने की दरकार पेश कर दी। इसी बहाने मेल-मिलाप, घुलना-मिलना हो गया। संकोच टूट गया, सहजता वपरने लगी। तेलुगू सीखने का काम किधर बिला गया, पता नहीं। एक दिन पापा से पूछा–"पापा आपने वो तेलुगू सीखी थी न! उसका क्या हुआ?" हँसकर बोले–"भूल-भुला गए, यार!"

बेटू ने ही बताया कि उनका असिस्टेंट साइंटिफिक ऑफ़िसर डी से प्रमोशन की बात चली प्लांट में। तो ये तो राजी ही नहीं प्रमोशन के लिए, लिखकर मना कर दिया। कमेटी बैठी, पूछा गया...तो बोले–"मैं इन मीटिंग्स वगैरह, दफ़्तरी कामों में बँधा नहीं रह सकता। मैं तो बाहर (फील्ड) की ही नौकरी कर सकता हूँ।" तय हुआ, ठीक है आप की औपचारिक पदोन्नति कर दी जाए काम भले ही, जो अभी कर रहे हैं, वे करते रहें। मीटिंग-वीटिंग दूसरा कर लेगा। इस किस्से की ताईद शाम

को जुटे यार-दोस्तों ने भी की। दुनिया में प्रमोशन के लिए तो प्रार्थना-पत्र देते सुने जाते हैं। अपनी पदावनति के प्रार्थना-पत्र कौन देता है, पर रवि ने दिए।

बेटू आसानी से कहता है–"उन्होंने सिखाया हमें, सारी दुनिया बदलना संभव है।" उसके चेहरे पर आश्वस्ति भरी हँसी है। उसमें मुझे रवि दिखाई दिया। रवि कहता था अपने बच्चों से कि–"मैं तुम्हें तैयार कर रहा हूँ।"

बारहवीं पास लड़का जीवन के अर्थ की बातें करे। सौमित्र भी अध्यापक ही होना चाहता है।

प्लांट में सबको एक ही अलमारी मिली होती है। रवि के पास न जाने किस जुगत से दो हो गईं। रवि के अफ़सर को पता चला, उसे अखरा। उसने अपने अफ़सरपने का हक़ जताया। रवि के प्रतिरोध करते रहने के बावजूद उस अफ़सर ने एक अलमारी हथिया ली। थोड़े दिन बाद रवि को कंप्यूटर मिला, रवि के पास मेज़ न थी और उस अफ़सर के पास दो थीं। रवि ने कहा–"एक मुझे दीजिए। ज़रूरत है मुझे।" लेकिन अफ़सर अपनी पर अड़ा था, न दी। रवि बाबू, जो प्लांट में 'बाबा' के नाम से ख़्याति पा चुके थे, ज़मीन पर बैठकर कंप्यूटर चलाने लगे। जो भी उधर से गुज़रता, चौंकता पूछता...एक चुहल, एक तमाशा-सा होने लगा। बात कब तक छिपती है–ऊपर तक पहुँची। बाबा को बुलाया गया और पूछा गया। बाबा ने कहा–"मेरे पास मेज़ नहीं है, इनके पास दो हैं मैंने माँगी। दी नहीं...इसलिए ज़मीन पर बैठकर कंप्यूटर का काम करता हूँ।" मैनेजमेंट ने अफ़सर को कहा–"एक मेज़ दीजिए।" अगर उसकी अलमारी ली गई तो वो भी मेज़ लिए माना।

बाल बढ़ाए, दाढ़ी बढ़ाए, सिर पर गमछा बाँधे, हर वक़्त ऐसे ही रहता था रवि। सब उसे बाबा कहते थे। उसे कोई लालच न था, उसे कोई भय न था। वह अनियमित सुविधाएँ और गैर-ज़रूरी सुविधाएँ नहीं लेता था। वह एल. टी. सी. का कैशबैक नहीं लेता था। उसने अतिरिक्त दिन वाली प्लान की सिम लेने से मना कर दिया।

मुझे आश्चर्य हो रहा था कि बेटू, अपने पिता के बारे में बता रहा था–"उन्होंने नौकरी नियमानुसार की। किसी के दबाव में नहीं आए। अपनी शर्तों पर की। वे कहते थे किसी के भी जीवन बदलने की कोशिश से उसे स्वाभिमान को चोट नहीं पहुँचनी चाहिए। उसका मान आहत नहीं होना चाहिए। ज्ञान को जानना ही नहीं, विचार को पहचाना आना भी ज़रूरी है।"

शिवराम, रवि और चिया (सौमित्र) तीनों पीढ़ियों के जीवन की झलक थी मेरे सामने। बेटू बताता है–"दादू (शिवराम) साम्यवाद सिद्धांत एवं विचार के बहुत ज्ञाता थे। ये (रवि) मनोविज्ञान व्यवहार, मनुष्य पर ज़्यादा ज़ोर देते थे।" उन्होंने अपने बच्चों की परवरिश के लिए किताबें पढ़ी। 'बाल हृदय की गहराइयाँ'। अनीता जी बताती हैं–"वे बच्चों के लालन-पालन के बारे में एक किताब लिखना चाहते थे। वे कहते थे हम बच्चों की ज़िम्मेदारी नहीं समझते। बच्चों की जिज्ञासा का समाधान करने के बजाय उन्हें बहकाते हैं, डराते हैं। बच्चों के जीवन की तैयारी वैसे ही करानी चाहिए जैसे एक सैनिक की तैयारी होती है।"

हम लगातार बातें कर रहे थे, मैं और बेटू...बीच-बीच में अनीता जी आ बैठती थीं। आतिथ्य में तत्पर।

12 सितम्बर, 2018 की रात थी...। वे शायद कविता कोश के लिए अपना फोल्डर तैयार कर रहे थे। जब कुछ नहीं कर रहे होते थे, रवि तो पोस्टर बनाते थे–कविताओं के पोस्टर। अनेक पोस्टर बनाए उन्होंने, अनेक प्रदर्शनियाँ हुईं। कई अच्छी कविताएँ अनेक लोगों तक पहुँची। बेटू बोला–"कई दिन से कह रहे थे, कुछ कविताओं के पोस्टर बनाने हैं।" मैंने कहा–"कुछ काम नहीं है तो कुछ पोस्टर बना लो पापा!" लाइट गई हुई थी। वे रोज़ाना अपनी फेसबुक वॉल पर या तो कोई पोस्ट करते थे या किसी साथी की पोस्ट शेयर करते थे। उस रोज़ लाइट आने पर बारह बजे तक उन्होंने धूमिल की कविता का पोस्टर बनाया। अनीता जी ने अपने मोबाइल में लिया हुआ फोटो मुझे भी दिखाया। धूमिल की कविता वही–"मेरे देश की संसद मौन है"। पिछले दो-तीन दिन से उनको लूज मोशन्स हो रहे थे। सब समझे सामान्य बात है, खाने-पीने की गड़बड़ से हो गया होगा कुछ! रात को कह रहे थे, हाथों में अजीब-सा दर्द है।

दूसरे दिन सुबह उठे, चाय पी। कहा–"आज थोड़ा बेहतर अनुभव कर रहा हूँ।" नित्यकर्म से निवृत्त हो अपनी कंप्यूटर की मेज़ पर आ बैठे। वे जब कुर्सी हटाते। उसकी आवाज़ होती, तो मैं निगाह डाल लेती। कुर्सी हटाई और तख़्ते पर लेट गए। मैंने पूछा–"क्या हुआ?" फिर बोले–"हाथों में, कंधों में अजीब-सा दर्द है।" मैंने कहा–"हॉस्पीटल चलें।" बोले–"चलो! तू ले चलेगी मुझे?" मैंने कहा–"हाँ!" हम नीचे उतरे, बेटू नींद में था। ये बोले–"सोने दे मत जगा। रात देर से सोया है।" रवि का क्वॉर्टर दूसरी मंजिल पर है। नीचे उतरे तो नीचे रहने वाली पड़ोसी दिखीं–सिस्टर! उन्होंने पूछा–"क्या हुआ?" उन्होंने कहा–"रुको, मैं उन्हें भेजती हूँ।"

उनके पति ने कार निकाली। रवि कार में बैठ पाते उससे पहले ही दरवाज़े के यहाँ निढ़ाल होकर गिर पड़े। सिस्टर ने और अनीता जी ने छाती दबाकर श्वास दिलाई, कार में वे बात कर रहे थे। अस्पताल में फ़ोन कर दिया था, वहाँ सब तैयारी थी। पता चला डॉक्टर मीटिंग में हैं–अनीता जी मीटिंग में जा पहुँची, डॉक्टर तुरंत आ गए। आई.सी.यू. में वेंटीलेटर पर लिया। कार के दरवाज़े पर उन्हें पहला अटैक आया था, यहाँ लाने पर दूसरा आया। वे उसे भी झेल गए। जितना सामर्थ्य और होश था उसके दम पर बता रहे थे क्या हो रहा है ताकि इलाज करने वालों को सहूलियत हो। कह रहे थे–"मुझे ठंड लग रही है।" कोटा ले जाने की तज्वीज़ थी, पर असमंजस था। जब ले जाना ही तय हो गया तो कोटा अस्पताल में फ़ोन किया गए। कोटा ले जाने की तैयारी चल रही थी कि वेंटीलेटर पर ही तीसरा अैटक आया। वे फिर लौट न सके। सबकुछ जैसे थम-सा गया। कोटा लाए, तलवंडी 4-पी, 46 से अंतिम-यात्रा...कभी न लौटने वाली। गली में भीड़, जिसे ख़बर लगी वो आ पहुँचा। अफ़सोस इतना कि कहने को कुछ नहीं। दाँत भींचे, जबड़े कसे, रुलाई रोके लोग। हिलकते-थरथराते होंठ। गरदन झुकाकर, इधर-उधर देख, नज़रें बचाकर, जेब में से रुमाल निकालकर आँखें पोंछते लोग। जो नज़र मिल जाती किसी से तो गले लगकर फूट पड़ते। तमाम लोग परिचित-परिजन, अदब-साहित्य के लोग, कला-रंगकर्म से जुड़े लोग, मज़दूर आंदोलन से जुड़े लोग। जो लोग शिवराम जी को जानते थे वो तो रवि को जानते ही थे, बहुत सारे ऐसे भी जो सिर्फ़ रवि को जानते थे। तरह-तरह के अफ़सोस, कुदरत से शिकायतें, बातें, किस्से, अनुभव, प्रसंग, घटनाएँ। सबसे ऊपर कामरेड रवि कुमार लाल सलाम! जवाब मिलता, 'लाल सलाम! लाल सलाम!' रवि के चले जाने के गम और अफ़सोस के ऊपर, संकल्प सिर चढ़कर बोल रहा था। 'हमें रवि के काम को, उसके मिशन को आगे बढ़ाना है। उसे मरने नहीं देना है। वह हमारे दिलों में एक याद, एक प्रेरणा बनकर ज़िंदा रहेगा।' रवि के शरीर के चले जाने के बावजूद उसके अहसास को बचाए रखने का भाव केवल मसानी वैराग्य या वक्ती जोश न था। वह आज भी उनके बेटे, उनकी पत्नी और उसके साथियों के चेहरे पर पेबस्त था। खिल रहा था, चहक रहा था। धूप तेज़ थी लेकिन हवा अभी इतनी गर्म नहीं हुई थी, हमने दोपहर सोकर या आराम करके नहीं बिताई, हम बातें करते रहे। बातें ख़त्म होने का नाम न लेती थीं, पानी, चाय और बातें।

चारभुजा, रावतभाटा के पास एक गाँव था वह अब रावतभाटा का ही हिस्सा हो गया है। इसी गाँव में एक घर लिया था रवि ने, यहीं बसना चाहता था। जिन

साथियों को इकट्ठा होने की ख़बर दी थी उनके आने से पहले मैं उस घर को देख आना चाहता था। धूप होगी तो होगी, बेटू और मैं गए। गली के लगभग आख़िर में नाले के किनारे था वह घर। तीन कमरे, रसोई और पीछे नाला, आगे बहुत बड़ा आँगन, कुछ पक्का एक छोटा लॉन। घास हरी थी, तीन पेड़ आम के थे। दो फल रहे थे–एक पिछली साल फला था। क्यारी में गुलाब और एक कटहल लाकर लगाया था रवि ने। ऊपर बड़ी छत है, जिस पर से नाला, कॉलोनी में बने हुए घर और पहाड़ी दिखती है। नाले में पानी नहीं है। बरसात में एक बार आकर जाने का वादा करके हम लौट आए। रवि लगभग रोज़ाना कुछ देर यहाँ आता था और अपने हाथ से पेड़-पौधों की देखरेख, सँवार करता था, पानी देता था। ये पेड़-पौधे बोलते होते तो ज़रूर उसके बारे में जितना मैं अनुभव कर रहा था उससे ज़्यादा बताते।

पाँच बजे सबको आना था। सब एक-एककर आने लगे। सहपाठी, सहकर्मी, साथी, बाबा के अनुयायी। उसे रवि शायद ही कोई कहता हो। इन दिनों सब बाबा कहने लगे थे। प्रमोद व्यास, सुरेंद्र सैनी, शिवरमन, पुष्पेंद्र, प्रमोद कुमार, कमल किशोर गुप्ता, देवीशंकर ओझा, रणजीत, आशीष मिश्रा और चेतन मेघवाल। एक-एक करके, आगे-पीछे ये सब लोग आ गए। बाहर वाले कमरे में सेटी, सोफे और कुर्सियों पर बैठ गए। असमंजस था, क्या बात करें? कैसे शुरू करें? मैं यह चाहता था कि मैं कुछ न बोलूँ, कुछ न पूछूँ, अपने आप जो निकले, वो निकले। धीरे-धीरे वे बोलने लगे। बात शुरू हुई। एक दो बोले, फिर सब। वे सब बोल रहे थे लेकिन लग ये रहा था जैसे एक ही जना बोल रहा हो, सबके पीछे से। 'वो' इनके जहन में घुसा हुआ था। वह इनकी ज़बानों से बोल रहा था। वह हमेशा सिद्धांत, भाषण या शास्त्र की बात का निषेध करता था–रोज़मर्रा की बातों में सबकुछ कहता था या व्यवहार से ज़ाहिर करता था। आश्चर्य फिर भी कैसे ये उसके बारे में सूत्र और सधी हुई बातें बोल रहे थे।

"आप सब लोग उनके साथ काम करते थे, बताइए कुछ उनके बारे में। कब से उनके साथ थे?"

"कुछ शुरू से यानी 95 से कुछ बाद में जुड़े।"

"वो हमारे साथी कम मेंटोर, गार्जियन ज़्यादा थे, भाई साहब थे। मतलब उनसे कोई एक रिश्ता न था हमारा। उन्होंने हमको काम करना भी सिखाया। प्लांट के अलावा सामाजिक जीवन में भी...। ईवन हम में से किसी की पर्सनल समस्या भी रही होगी...पर्सनल तो उन्हीं से शेयर करते थे...। उनके सामने बेहिचक खुल जाते थे।"

"हाँ! हाँ...। बाद में तो हमने उनको खूँटा नाम दे दिया था।...जिसको अपनी खुजली मिटानी हो उनके पास चला जाए। (हँसी)–किसी भी प्रकार की खुजली। प्लांट से संबंधित खुजली हो, पर्सनल हो, घरेलू हो, राजनीति से रिलेटेड हो...किसी भी तरह की प्रॉब्लम हो तो कोई भी उनसे शेयर कर सकता था।"

"उनको जानकारी भी थी, अनुभव भी था–हर फील्ड का। सब राय उन्हीं से ले लेते थे।"

"नहीं उनसे राय इसलिए भी लेते थे कि उनको पता था कि किसको कौन-सी दवाई चाहिए।" (ठहाका)

"मेन बात यही थी।"

"वो सबकी नब्ज पहचानते थे। हाँ, जैसे ये उनके पास गया और बोला–"याद आया। बाबा! मैं बेटी का 'बर्थ डे' मनाना चाहता हूँ, सोच रहा हूँ।" तो वो इसको ऐसे हड़काएँगें–"क्या ज़रूरत 'बर्थ डे-वर्ड डे' की फालतू में लोगों को बुलाएगा–ये करेंगे, वो करेंगे। पैसे ख़र्च करेगा, बेकार।" और अगर यही प्रॉब्लम लेकर दूसरा गया तो वो कहेंगे–"वेरी गुड-बर्ड डे मनाओ! ज़रूर मनाओ। शानदार तरीक़े से मनाओ।" (हँसी)

"प्रॉब्लम भले ही सेम हो, वो अलग-अलग आदमी के हिसाब से अलग-अलग दवाई देते थे। मेन-टू-मेन टेबलेट थी उनके पास इसीलिए, उनको सबसे ज़्यादा पसंद किया जाता था।"

"वो हमारे बच्चों के काउंसलर भी थे। अगर किसी के बच्चे को लेकर कोई समस्या होती तो राय मिलती, इसको बाबा से मिलवा दो। फिर हम पीछे हट जाते। बच्चा और बाबा समाधान निकाल लेते।"

"अब बाबा नहीं हैं तो हम सोच रहे हैं, बच्चों की समस्या का समाधान कौन करेगा।"

"वो तो हमारे चलते-फिरते इंस्टीट्यूट थे।"

"हमारे एक-दो मित्र ऐसे थे जिनको लेकर उनके घर वाले परेशान थे। उन्होंने प्रतिज्ञा कर रखी थी कि शादी नहीं करनी है। उनकी बाबा से काउंसलिंग करवाई, तब वे शादी करने को राजी हुए।"

"लड़की देखने जाना हो तो कैसे क्या करना है, ये भी बात बाबा से ही पूछी जाती थी।"

"हमने तो सोच रखा था कि बच्चे बड़े होंगे तो शादी-ब्याह तय करने, लड़का-लड़की देखने बाबा को साथ ले जाएँगे। सोचते हैं, अब किसको ले जाएँगे।"

"मैंने एक बार बाबा से पूछा–"हम लड़का या लड़की तय करते हैं तो, थोड़ी देर, एक दो मुलाक़ात या दो-तीन दिन में किसी के बारे में कैसे पता लगा सकते हैं।" वो बोले–"नहीं-नहीं। अपने को पता चल जाता है। नशा करता है, तो उसकी अंगुलियाँ देखकर, आँखें देखकर, बात करने का अंदाज़ देखकर। और भी उन्होंने बहुत सारी बातें बताई।"

"ड्यूटी का टाइम होता था हमारा आठ से चार। तो भी हमको पोने पाँच या चार पचास हो जाते थे निकलते-निकलते क्योंकि हर सब्जेक्ट पर बात चलती थी वहाँ पे–राजनीति ले लो, फिजिक्स, केमेस्ट्री, समाजशास्त्र, दर्शनशास्त्र, इतिहास।"

"दर्शनशास्त्र एक कठिन विषय है, उन्होंने इसे मज़ाक़ में बदल दिया। हम जैसे लोगों से...मज़दूरों से।"

"वो तो हमारे प्लांट में उसकी सुविधा नहीं थी...रिकॉर्डिंग की, अगर वो होती तो जब आते थे अपने पूरे आवेग में तब वो जो बोलना शुरू करते थे तो एक डेढ़ घंटे तक मंत्र-मुग्ध कर देते थे। बाद में लगता था, यार! ये रिकॉर्ड हो जाता तो कितना अच्छा होता।"

"मैं कहता हूँ पच्चीस साल के पीरियड में, पच्चीसों ऐसे वाकये हुए जब वो फुल फोरम में आकर बोले थे।"

"वास्तव में वो तो बहुत ही ज्ञानी...।"

"ज्ञान के अलावा वो जो बोलते थे न! वो बोलते नहीं थे, वो उन्होंने जिया होता था। मतलब हंड्रेड-परसेंट।"

"उन्होंने बुलाकर किसी को कभी कुछ नहीं समझाया। प्रॉब्लम होगी, गए होंगे तो उन्होंने बता दिया होगा। ज़बरदस्ती किसी से नहीं। सिवाय उसके जो उनके सबसे नज़दीक है।" (हँसी)

"चेतना को उन्होंने दो साल तक मैथ पढ़ाया लेकिन कोई फ़ायदा नहीं हुआ।" (सामूहिक ठहाका)

"रोज़ शाम को बाबा की फेसबुक की पोस्ट शेयर होती थी। हम बैठे रहते थे, इंतज़ार करते रहते थे।"

"उनका रोज़ का रुटीन फिक्स था, कब कहाँ जाएँगे, चाय पिएँगे, कहाँ रुकेंगे, सिगरेट सुलगाएँगे, कंप्यूटर पर बैठेंगे, कंप्यूटर पर गेम खेलेंगे।"

"हमें मालूम था, कैसे उन्हें छेड़ें। उनसे कुछ सुनना चाहते तो उन्हें छेड़ते।"

"उनको गुस्सा नहीं आता था। एक बार ऐसे ही क्रिकेट खेल रहे थे, बाबा बेटिंग करने आए। मैंने कहा–"क्या कर रहे हो यार बाबा। बार-बार बेटिंग करने आ जाते हो। हो तो गई तुम्हारी बेटिंग पहले।" बाबा, बल्ला रखकर चुपचाप चले गए। बाद में पता चला उनकी बेटिंग हुई ही नहीं थी।" (ठहाका)

"लास्ट में दो साल पहले जब वे अस्थमा के प्रभाव में आए तब खेलना कम कर दिया, छोड़ दिया, पहले खेलते थे।"

"रवि कुमार ऐसा टॉपिक है कि उस पर बात करते-करते तीन-चार घंटे आराम से गुज़ारे जा सकते हैं।"

"हाँ! आराम से, बहुत आराम से।"

"एक भी दिन ऐसा नहीं निकलता हमारा, जो उनके बारे में बात न होती हो।"

"हम तो चलो मान लो उनसे नज़दीक से जुड़े थे लेकिन प्लांट का एक-एक शख़्स। छोटा-से-छोटा आदमी वो भी बाबा को याद करता है। और वो भी जितना छोटे ओहदे का आदमी होता उससे उतना ही ज़्यादा प्यार से बातें करते, रेस्पेक्ट देते।"

"हक़ीक़त में मैंने उन्हें देखा है, देखते ही बनता था।"

"मैंने तो पढ़ा नहीं ऐसा शख़्स। मैंने बहुत किताबें पढ़ीं लेकिन ऐसे शख़्स के बारे में नहीं पढ़ा। मैंने सोचा नहीं कि ऐसा भी कोई आदमी होगा, सोच नहीं सकता। हम ख़ुशनसीब हैं कि उसको हमने देख लिया, उसके साथ जी लिया।"

"इतना ग़ज़ब कि उन्हें चाय पीनी होती तो वो राह चलते किसी से भी उसके कप की चाय ले लेते थे। शुरुआत में जब मैं उन्हें जानता नहीं था। एक बार उन्होंने मेरी चाय ले ली और और सिगरेट के साथ पीने लगे, वह थोड़ी-सी बची हुई चाय थी। मैं बोला–"अरे जूठी है, जूठी है।" वो बोले–"अरे जूठी-वूठी कुछ नहीं होता।" मैं चौंक गया। इतना चौंका कि दो दिन तक सोच-सोच कर परेशान रहा कि ये हुआ क्या।"

"हम सब हैं टेक्नीशियन, वो इंजीनियर थे। सुपरवाइजर से प्रमोटी अफ़सर। साइंटिफिक ऑफ़िसर लेकिन उनके जैसा कोई अफ़सर नहीं था।"

"वो किसी से डरते नहीं थे। छोटे-से-छोटा आदमी जब तक अपनी बात पूरी न कर ले वे दूसरे किसी को बोलने नहीं देते थे।"

"वो चीज़ों को प्रैक्टिकली प्रमाणित करते थे।"

"जैसे मान लो मेरा टिफिन नहीं आया तो उनका टिफिन मेरा होता था। उनका टिफिन तो मैं खाऊँगा-ही-खाऊँगा यह तय है। यह मेरा नहीं जो भी हम साथ में बैठकर खाना खा रहे हैं, जिसका टिफिन नहीं आया है तो वो उनका टिफिन खाएगा। अब उनको अपनी खुद की भी व्यवस्था करनी है। वो पूरी कैन्टीन में घूमेंगे। सारी टेबलों पर से रोटियाँ इकट्ठी करके लाएँगे–माँगकर, खींचकर, झपटकर और खाएँगे।" (हँसी)

"वो अपने लिए कहते थे। मैं बचपन में कोई बहुत होशियार लड़का न था। और बाद में भी कहते थे। उन पर तारीफ़ का कोई असर नहीं होता था। उनके सामने उनकी तारीफ़ कोई नहीं कर सकता था। मुझे याद नहीं आता कि किसी ने इतनी हिम्मत दिखाई हो। अगर किसी ने की तो रूठ जाते थे, दोस्ती दाँव पर लग जाती थी।

वो कहते थे दुनिया में होशियार कोई नहीं होता। मेहनत से सब होशियार बनते हैं। कुछ कुछ भी बन जाए। चीज़ें सीखने की होती हैं। हथौड़े का काम सीखने का होता है तो गणित भी सीखने की होती है। इस चीज़ से आप किसी को कमतर नहीं कह सकते। डरा नहीं सकते कि आप डॉक्टर हैं, या इंजीनियर हैं या और कुछ हैं। इस बात को उन्होंने प्रमाणित करके बताया। उनसे मिलने वाले हर आदमी को यह यक़ीन हो जाता था कि चीज़ें, चमत्कार नहीं होती हैं। गॉड गिफ्टेड नहीं होती हैं। ऐसी कोई बात नहीं होती है।"

"बहुत बातें थीं उनके पास क्या नहीं था। गाँधी जी, बाबा साहब भीमराव अंबेडकर, विवेकानंद, नेहरू जी। वे कहते थे अंत नहीं है, शुरू करूँगा तो कई रातें बीत जाएँगी।"

उन्होंने एक बार कहा–"हम थोड़ा-थोड़ा महात्मा गाँधी के समय जैसा फील करने लगे हैं।"

"वो कैसे?"

बोले–"सोचो यार! वहाँ नेहरू भी बैठा है, जिसकी अपनी आइडियोलॉजी है। वहाँ बाबा साहब भी हैं। वहाँ पटेल भी आ रहे हैं।" उन्होंने हम सब में उन्हें लिया,

बोले–“सालों तुम सब लोग भी ऐसे ही हो। कितना मज़ा आ रहा है। सारे-के-सारे बदमाश। और इसी से एक दुनिया बन जाती है।” हम लोग बीस साल से साथ हैं। हम सबकी अपनी-अपनी समझ है। उनके साथ बैठते तो अपनी बात कहने का सबको हक़ था। कभी कोई नई बात बताता तो वो मान भी जाते थे, अरे भाई ये बात तो हमको पता ही नहीं थीं।”

“उनकी बहुत पकड़ थी, मार्क्सवाद पर लेनिन पर और उन्होंने हमें मार्क्सवाद सिखाया, खेल-खेल में। यहाँ जो बैठे हैं सब मार्क्सवादी हैं।”

“रियली?”

“हाँ, बेशक, रियली! जानते हैं, मानते हैं। ये अलग बात है सबकी अपनी-अपनी परेशानियाँ भी हैं।”

“हम जब उनके साथ बात करते थे तो, जो बातें हमारी समझ में नहीं आती थीं तो उनसे पूछते थे। पर पिछले कुछ दिनों से, यही कोई चार-पाँच साल से कुछ बातें थीं, जो उनके भी समझ में नहीं आ रही थीं। इसी दौरान हमारे एक साथी जिनका अर्थशास्त्र में अच्छा दख़ल है उनसे बाबा की बात हुई। बाबा ने बहुत ही सहज रूप से स्वीकार किया–‘यार! हम भी नहीं जान पा रहे, ये जो बदलाव तेज़ी से हो रहे हैं इनकी वजह और समाधान क्या है?’ वे नई चीज़ों को भी समझने, समझाने की कोशिश करते थे।”

“अलग-अलग आदमी, अलग-अलग विषय का जानकार होता है। वो क्या करते थे, इनमें आपस में सामजस्य बिठा देते थे, तो बड़ी शानदार बहस होती थी।”

“जैसे अमरीका में क्या हो रहा है? दुनिया में क्या हो रहा है? और भी इंफोरमेशन्स थीं, वो सबकी सुनते थे। वो जगह नहीं छोड़ते थे, कि कुछ उनसे छूट न जाए। वो बेहतरीन समय था। कह सकते हैं उन्हें कोई काम हो परफेक्शन पसंद था।”

“मुझे लगता है लेफ्ट की आइडियोलॉजी है, जो भारत में इसलिए ज़्यादा नहीं चल पाई कि ऐसे लोग नहीं थे, या कम थे। जिस तरह से वो रखते थे बात को, वैसा और कोई नहीं देखा। हमारी प्रॉब्लम यही है कि उस तरह से जीने वाले लोग अब नहीं हैं। वैसे पढ़ने वाले, वैसे समझने वाले, समझाने वाले लोग बहुत सारे हैं। रास्ता बताने वाले तो बहुत हैं लेकिन उस रास्ते पर चलना बहुत मुश्किल है। लोग

ईमानदारी से वो नहीं करते जो वो कहते हैं। कुछ होशियारी दिखा देते हैं, कोई टोटका दिखा देते हैं। ये, वो नहीं करते थे।

वो व्यावहारिक रहते थे। ऐसा नहीं है कि वो फॉर्मेलिटी नहीं करते थे। न चाहते हुए भी वो करते थे कहते थे–"यार यहाँ पर इसलिए ये सब करना पड़ रहा है। इस वजह से करना है क्योंकि दूसरे को नहीं अखरना चाहिए।"

"वो कहते थे मार्क्स का नाम न लिया जाए। नाम ही मत लो मार्क्स का। लेनिन का ज़िक्र भी मत करो। फिर भी वर्कर्स के साथ जाकर खड़े हो जाओ तो तुम वाम हो। वो मनुष्य के हित में खड़े होने को महत्त्वपूर्ण मानते थे, किसी चीज़ को पॉलिटिकल ब्राडिंग करने के बजाय ब्रांडिग की जो अनिवार्यता है, वो उनको पता थी कि मेरे लिए क्या अनिवार्य है।"

"देखिए दो चीज़ें हैं–एक तो वो जो हम व्यवहार में जी रहे हैं लेकिन उनको अंदर से पता है कि मेरा काम क्या है। उनको ये पता था कि मुझे ये करना है लेकिन इनको नहीं बताना है कि मैं क्या कर रहा हूँ। इनके बीच मैं वैसा जी रहा हूँ जैसा ये चाह रहे हैं लेकिन मेरा टारगेट क्या है? उनके दिमाग़ में उनका टारगेट हंड्रेड पर्सेंट क्लीयर था। चाहे रात के बारह बजे जगा लो उनको।"

"टारगेट क्या था उनका? क्या चाहते थे वो?"

"हाऽहा! जहाँ खड़े हो...जहाँ खड़े हो...जहाँ मौजूद हो...वहाँ सब लोग जिएँ। और कुछ नहीं! सब लोग जिएँ।"

"उनकी इच्छा थी कुछ समय पहले कि–वो बंदूक उठाना चाहते थे। वो कहते थे–मैं बंदूक उठाना चाहता हूँ।"

"बंदूक?"

"हाँ, हो सकता है, आपको पता न हो।"

"सच बात कह रहे हैं ये! सही बात है।"

"मैं बंदूक उठाना चाहता हूँ।"

"कितने साल पहले?"

"शिवराम जब रिटायर होने वाले थे, तब घर के सारे काम निपट चुके थे। बच्चों की भाईयों की शादी हो चुकी थी। उनको लगा कि, वो...शिवराम। एक ग़ज़ब के

शख़्स थे शिवराम। बाबा को किसी...एक बार मैंने पूछा भी था, बाबा! एक बात बताइए, आपको इतने लोग मिले जीवन में, इनमें कोई शख़्स तो होगा जिस पर आप मर मिटे हों। ऐसा जो...बड़े लोगों की बात नहीं करता...।"

"ये बात रवि से पूछी?"

"हाँ रवि से पूछा।"

"उन्होंने कहा–"आशीष! एक तो यादवचंद्र पाण्डेय। ये कोई शख़्स हुए हैं?"

"मैं जानता हूँ।"

"हाँ ये बहुत ग़ज़ब के आदमी हैं।" और जैसे मैं बता रहा हूँ न आपको रवि के बारे में, वैसे उन्होंने मुझे यादवचंद्र पाण्डेय के बारे में बताया। दूसरी बात उन्होंने बताई कि न चाहते हुए भी थोड़ा-बहुत मेरे पापा (शिवराम)। वो भी हल्के-फुल्के कम्युनिस्ट हैं। उनको आप कम्युनिस्ट कह सकते हैं लेकिन वो ख़ुद के बारे में तैयार नहीं थे, यह शब्द सुनने के लिए।"

"क्यों?"

"वो शायद मुझे ऐसा लगा। इतने सारे काम करने के बावजूद भी आदमी घोषित हो जाए। आप उसे कम्युनिस्ट कह दो...लेकिन वो जो था न! मन में एक कसक। लड़ने की जो ख़्वाहिश थी, वो लड़ रहे थे। वो यहाँ भी लड़ रहे थे, वो कुरीतियों के ख़िलाफ़ लड़ रहे थे, वो सबकुछ कर रहे थे, जो एक कम्युनिस्ट कर सकता है लेकिन शायद वो संतुष्ट नहीं थे। उन्होंने मुझसे कहा था कि, शिवराम रिटायर होंगे तो हम दोनों बाप-बेटे निकल पड़ेंगे। हम केरल जाएँगे, हम छत्तीसगढ़ जाएँगे, हम दंतेवाड़ा जाना चाहते हैं।"

"अच्छा?"

"हाँ! ऐसे उन्होंने थोड़े से इशारे दिए। सडनली फिर शिवराम चले गए।"

"शिवराम चले गए। फिर हम सबकी टीम उन्हें कचोटती रहती थी। ऐसा है, वैसा है। बाबा हमारे भी दो-तीन काम निकल जाएँ, बातें थीं ये लेकिन वो...! इतना तो उन्होंने कहा था, शिवराम के साथ हम निकलेंगे।"

"दोनों, पिता-पुत्र?"

"हाँ, ऐसा उनका कहना था और वो बाप पर बहुत गर्व करते थे। आशीष हम...वो ये नहीं कहते थे कि मैं झिझकता हूँ, या...वो अपने बाप के दीवाने थे,

कहते थे–वो ग़ज़ब करते थे, वो डरते नहीं थे। रामगंजमंडी के खानों के उस इलाके में चले जाते थे, जहाँ घोर दक्षिणपंथ था। ठेकेदार, मज़दूरों से काम कराते हैं–वहाँ जाकर नाटक करते थे। वहाँ सीधे टकरा जाते थे।"

"जो बात थी न...वो बात ये थी कि, दर्शन की बातें ये सब हमको जीवन में फ़ायदा पहुँचाने वाली बातें।"

"एक ये फेसबुक से जुड़ने के बाद वो थोड़ा-सा महसूस करने लगे थे, सोशल मीडिया ने उनको अपना विचार रखने का मौका दिया। नहीं तो जीवन में एक समय ऐसा भी आया जब पाँच साल, उनके पास, इन विषयों पर बात करने वाला भी कोई नहीं था। एक दुकान, जहाँ हम बैठते थे, उस पर बाबा ने अपने आप को बाँध लिया था। वो कहते थे–"इन तीन-चार वर्षों में बहुत बुरा बीता।" उनके मुँह से यह भी निकला कि फिर तुम लोग मिले! तू मिला मुझे! उस दिन तो मैं नाच पड़ा। शायद दो दिन तक मगन रहा। ख़ुशी के मारे। मेरी ज़िंदगी का ये सबसे बढ़िया क्षण था। बोले–"तू पता नहीं कहाँ से आ गया। फिर दो चार और आ गए।" तो फिर ये सिलसिला चल पड़ा। बोले–"फिर तुम साले कचोटने लगे मुझे।" फिर तो, वो जो बरसा वहाँ पर वो देखने लायक था। और वो उनकी इच्छा थी। उनकी लड़ने की इच्छा थी। उन्होंने बोला था। वो आदिवासियों के बीच जाना चाहते थे।"

"कोई भी बात वो बिना सोचे-समझे तो बोलते ही नहीं थे। कोई भी बात बोली होगी न उन्होंने कभी भी...तो हम मानते हैं कि...।"

"उनको ये तकलीफ़ भी अकसर रहती थी कि यार लोग सीधी-सी बात भी समझते क्यों नहीं हैं। कोई ऐसी थ्योरी तो हम समझा नहीं रहे कि समझ में न आए।"

"अधिनायकवाद को भी वो बुरा नहीं मानते थे। कभी हम ले आते थे कि, चीन ने तो ये बोला है। लोकतंत्र के चक्कर में हम हांगकांग को मरने नहीं दे सकते, बेशक इसके लिए थोड़े-बहुत लोग मारने पड़ें तो वो कहते थे कि–"हाँ सही बोल रहा है।" फिर मैं कहता कि–"ध्यान मत चौंका, वो कौन-सी जगह है जहाँ एक लाख लोग मार दिए। तो कहते–"नहीं मारे?"

"वो पूरे राजनीतिक थे, वो तैयार थे। वो पार्टी के प्रवक्ता थे, वो सब थे, कंप्लीट पैकेज थे। उनकी चपलता देखते ही बनती थी। वो सीटू की जीत पर ख़ुश होकर गले लग सकते थे। जबकि सीटू...वैसे तो वामधारा की ही एक पार्टी है लेकिन

क्या बोलते हैं...पब्लिक सेक्टर...थोड़ा हाई प्रोफाइल मामला है, उनका। पर उसमें भी ख़ुश हो जाते थे। झंडे के तो कायल थे वो। मज़दूरों के हित में कहीं भी चले जाते थे लेकिन उनकी बात तय थी, वो पार्टी के आदमी थे।"

"उस समय जब बी.एम.एस. ने धरना दिया तो, वो वहाँ जाते थे। रजिस्टर में दस्तख़त करके आते थे। संबोधन शर्मा तो उनके पास बैठता था–दो-दो घंटे। उन्होंने 'यो' वाली बात नहीं रखी। वो बायस्ड किसी से नहीं थे।"

"असहमति के कारण कोई द्वेष, कोई कुंठा नहीं पालते थे।"

"सबसे दोस्तियाँ थीं उनकी।"

"बल्कि उनसे ज़्यादा आमोद-प्रमोद करते थे। कई बार अपने को भले ही नाराज़ कर दें।"

"अपने लोगों को अकसर नाराज़ ही करते थे।"

"ये ऐसी चीज़ें थीं, जो उनको ऊपर उठाती थीं।"

(4)

"ये तो हुई राजनीति की बातें। दूसरे वो जो कलाकार थे, उनकी हर चीज़ पर मास्टरी थी। जिससे हम लोग थोड़े, इस समय परेशान हैं। हम ऐसी दुनिया में हैं जहाँ हमारी ज़रूरत के हिसाब से पैसे की कमी नहीं है, आराम है, बच्चे ठीक से पढ़ रहे हैं। अब इसके अलावा भी तो ज़िंदगी में चाहिए होता है न! कुछ आनंद का स्पेस होता है। हम लोगों में से कोई भी कलाकार नहीं है। हम में से कोई कुछ करना नहीं जानता, गाना नहीं जानता, ईवन सीटी बजाना नहीं जानता। हम तो ऐसे लोग हैं जहाँ सीटी बजाना भी पाप समझा जाता है। कोई मनोरंजन नहीं है मतलब ज़िंदगी में। जबकि वो कहते थे–यार! ये ज़िंदगी आनंद के लिए है। वो कला के आनंद को भी जानते थे। वो आर्टिस्ट थे। अभी जैसे बैठे हैं अपुन। इसको महफ़िल में कैसे बदला जाए। मतलब नौकरी तो है। नौकरी तो करके आए हैं लेकिन अब इसका आनंद कैसे लिया जाए। वो इसके मास्टर थे।"

"जैसे कई बार हमारी महफ़िलें चलती थीं। गंभीर विषय भी चलते थे लेकिन पैरोडियाँ बनाकर गाना भी वो गाने लग जाते थे। बजाना भी जानते थे, बाँसुरी तक रहने लगी थी प्लांट में ही।"

अभी पिछले दिनों वो किसी मैगजीन के लिए स्केच बना रहे थे। तो हम लंच करके आए, उनके पास बैठे थे। कोई कैसे बैठा था, कोई कैसे। उन्होंने हमारे चित्र बना दिए, उनका काम हो गया। हमारा आनंद। वो कहते थे–"तुम लोगों के होने से ये फ़ायदा है कि मुझे विभिन्न करेक्टर यहीं मिल जाते हैं।"

"ज़िंदगी के क्या-क्या रंग हैं! वे उन रंगों से ज़िंदगी को जो आनन्दमय बना देते थे न...मुझे अभी तक वैसा आदमी नहीं मिला। हो सकता है जीवन में कोई, बुद्धिमान मिल जाए, विचारवान मिल जाए लेकिन ज़िंदगी को आनंदमय बनाने वाला...?"

"हम लोग अभी सबसे ज़्यादा इसी बात से परेशान हैं।"

"हम सब बातें कर सकते हैं, शायद कोई गुनगुना भी ले-पर वो बात नहीं आ सकती।"

"ये है न कि गाना ऐसा हो, जिसमें हर कोई शामिल हो जाए। जिसने ज़िंदगी में कभी गाना न गाया हो वो भी।"

"हमें हँसे हुए कितना समय हो गया।"

"बाबा के जाने के बाद आज तक हम खुलकर नहीं हँसे हैं।"

"ये हमारे बस की बात नहीं है।"

"हम आठ घंटे की नौकरी में ये मान लीजिए साढ़े सात घंटे साथ रहते थे। चाय साथ, खाना साथ। हँसते रहते थे, कुर्सी पर बैठे-बैठे उचक पड़ते थे...अरे यार! क्या बात कर दी।"

"मैंने कहा–क्या बात है इसमें, वो बोले, देखो इस लोक कहावत में ग़ज़ब की बात कही है–"सिलहा मर्द भिखार/सिलही नार छिनार।" जहाँ सारे शास्त्र शीलवान नारी को अच्छा कह रहे हैं, वहाँ लोक कह रहा है जो शील करे वो छिनार वरना किस बात का शील, चप्पल उतारकर मारे। जब मुझे बात समझ में आई तो मैं भी उछल पड़ा।

अब तो सब सुनसान-सूना हो गया। पहले वो जगह आश्रम टाइप रहती थी। हम तो वहाँ होते ही थे, प्लांट के दूसरे लोग भी आते थे अपनी-अपनी बात लेकर।

"बाबा उनकी बात पर उन्हें समझाते, उनके माध्यम से हम भी समझते। सीख जाते और रसपान करते।"

"और फिर इस रस को हम अपने परिचितों को बाँटते तो अपने आपको गौरवान्वित भी अनुभव करते।"

"सीखा तो बहुत उनसे बहुत सीखा, ग़ज़ब टीचर। सिखाने का उनका जो तरीक़ा था न! वो अल्टीमेट था।"

"बस ये चेतन ही नहीं सीख पाया उनसे। ये उनका लाडला था न! इसलिए नहीं सीख पाया।"

"जो मज़ाक़ वो चेतन से करते थे न वो किसी से नहीं करते थे। इतना प्यार करते थे वो इससे। इससे वो छोटे बच्चे की तरह खेलते थे। हमारे आते ही, सीधे गंभीर होकर बैठ जाते थे। हमें बाबा की ये तीन चीज़ नहीं मिली। हम इससे वंचित रह गए।"

"पर ये आज कुछ बोल नहीं रहा।"

"मेरे पास कुछ है ही नहीं बोलने को, मैं तो उनके साथ हमेशा श्रोता ही रहा।"

"वो शुरू से ही ऐसे थे, ईमानदार और पारदर्शी। उन दिनों हमारा प्लांट बन रहा था, उन्हीं दिनों क्रिकेट की प्रतियोगिताएँ हुईं। उन दिनों पंचिंग सिस्टम था। लोग आते, पंचिंग करते और क्रिकेट खेलने या देखने चले जाते। सबको छूट थी, कोई किसी को कुछ नहीं कहता था। लेकिन अगर वो काम पर नहीं थे तो उन्होंने, उस दिन की छुट्टी दर्ज़ करवाई।"

"हम उनकी इसी बात के कायल थे। जब आपको कोई देख रहा हो तब आप ईमानदारी बरतें इसमें क्या बात है। मज़ा तो तब है, जब आपको कोई देख नहीं रहा हो तब आप ईमानदार बने रहते हैं। ये बड़ी बात उनमें थी, शुरू से थी। सेक्शन के फाइनल मैच में सबने हाज़िरी दर्ज़ की, उन्होंने सी.एल. भरी। खुली छूट के बावजूद।"

"उनको एक बार डिपार्टमेंट ने एचीवमेंट के लिए अवॉर्ड देना चाहा कि, भाई आपने ये काम किया है–एक ग्रुप एचीवमेंट अवॉर्ड होता है हमारे यहाँ, जिसमें एक प्रशस्ति-पत्र एक सिल्वर मेडल और पाँच हज़ार का चेक मुखिया को दिया जाता है। लेकिन डिपार्टमेंट अभी तक परेशान है कि इन सबका क्या करें। वो सब पड़ा हुआ, उन्होंने लिया ही नहीं। बोले–मैं इसका हक़दार नहीं हूँ।"

"जब उनको सुपरवाइजर से इंजीनियर बनाया गया प्रमोशन देकर, तो उन्होंने अपने रिवर्सन के लिए बाकायदा दरख़्वास्त दी।"

"भले ही उनका प्रमोशन हो गया हो लेकिन वो मज़दूर की तरह काम करते थे। चेतन से कहते–चेतन तू बैठ और ख़ुद काम करते।"

"उन्होंने हमको ये भी बताया प्रशासन से डरने की ज़रूरत नहीं है। वो ख़ुद तो किसी से डरते ही नहीं थे।"

"जीवन का कोई विषय, कोई क्षेत्र उनसे अछूता नहीं था।"

"मेरी दूसरी बेटी हुई तो मैंने कहा–"बाबा! सब आते हैं, मिलते हैं। सहानुभूति जताते हैं।" बाबा बोले–"आपको कुछ नहीं करना, मुस्कराते रहो।" ऐसे, इस तरह की बातें करते थे न! उनसे तो जितना संबल मिलता था, मुझे उतना मेरे पिता जी से भी नहीं मिला कभी।"

"किसी भी स्थिति में फँसें हों आप। आप उनसे मिलकर बात कर लें। तसल्ली मिलेगी आपको। मतलब उसका मुक़ाबला करने के लिए तैयार हो जाओगे आप।"

"और ख़ुद की किसी भी समस्या के लिए कभी किसी को परेशान नहीं करना। एक बार की बात है–गैस (रसोई) का सिलेंडर ख़त्म हो गया उनके घर पर। सामने ही घर है, घंटी बजाकर ले सकते हैं पड़ोसी से। लेकिन हमारे बाबा जी ऐसे थे कि, कोई मिलेगा तो माँग लूँगा वरना सुबह-सुबह न जगाऊँगा किसी को। वो घूमते रहे, कॉलोनी की सड़क पर, कोई दिखेगा तो बोलूँगा। कोई दिखा ही नहीं। गुमटी पर चाय पीने बैठ गए सिगरेट सुलगा ली इतने में एक जना आया, उसने पूछा–"अरे बाबा सुबह-सुबह आज कैसे?"

"अरे यार गैस का सिलेंडर ख़त्म हो गया। तेरे यहाँ पड़ा है क्या?"

"हाँ पड़ा है।"

"तो चल!" और वे उसके साथ चल पड़े, तो ऐसे थे हमारे बाबा जी। इससे अंदाज़ा लगा लो।

"ऐसे ही एक बार तो झगड़ा हुआ था उनसे। गिर पड़े, तो ख़ुद ही डिस्पेंसरी चले गए। पता चला तो हम लड़े उनसे कि, "किसी को बुला नहीं सकते थे क्या?" हक़ीक़त में वो कभी किसी को अपनी तरफ़ से परेशान नहीं करते थे।"

"उनसे पैसे माँगो...आप अपनी ज़रूरत के लिए, तो वो ये कभी नहीं कहते थे–"मेरे घर आजा।" पूछते थे–"तू कहाँ खड़ा है?"

"पैसे देने में भी मैंने एक चीज़ नोट की। हम सब लोग कभी-कभार पैसे की हेल्प करते हैं किसी की। हमारे दिमाग़ में ये सवाल चलता रहता है, ये पैसों का करेगा क्या? अकसर हम दिए गए पैसों के एंड यूज को लेकर परेशान रहते हैं। इसे किसलिए ज़रूरत है। ये लौटाएगा भी कि नहीं, वो ऐसा नहीं सोचते थे।"

"एक बार एक जना मेरे सामने उनसे पैसे लेने आया। उन्होंने बिना कुछ पूछे उसे पैसे दे दिए। मैंने पूछा-'बाबा ये क्या करते रहते हो यार!' वो बोले-'पहली बात तो ये कि मैं कभी ये सोचता नहीं हूँ कि मेरे ये पैसे वापस आएँगे। और दूसरी बात ये कि मैं इतना बेवक़ूफ़ भी नहीं हूँ कि मैं अपनी सारी जमा पूँजी उसे दे दूँ। मुझे मालूम है कि मेरे पास कितने एक्स्ट्रा पैसे हैं, जिन्हें मैं ईज़ीली एफोर्ड कर सकता हूँ। हज़ार-दो हज़ार।" इस तरह केलकुलेट करके और देकर, उसे भूल जाते थे। दे तो ठीक-न दे तो ठीक। अपनी तरफ़ से तो ये मानकर चलते थे कि ये वापिस नहीं आएँगे।"

"मेरे ख़याल से वो ज़्यादा ख़ुश होते थे अगर ले जाने वाला उन पैसों को उड़ा दे।"

"अच्छा?"

हाँ, वो पैसे जनरल यूज़ के लिए काम आएँ तो ठीक है, नहीं आए और हमने बोला-"बाबा आप पैसे दे-देकर ऐसे आदतें बिगाड़ देते हो।" वो कहते-"यार अपन ने तो पैसे दे दिए न! अब वो क्या करेगा इसको लेकर क्यूँ पेरशान हो रहे हो, करने दो ऐश बिचारे को।"

उनका प्रमोशन हुआ, हमने कहा-"बाबा कुछ होना चाहिए। ख़ुशी की एवज में।" बोले-"क्यूँ?" हमारे लिए कुछ नहीं किया। छोटे कॉन्ट्रेक्टर, मज़दूरों को इकट्ठा करके उनको कहा, विद फेमिली खाओ-पिओ, जो मर्ज़ी आए, पैसे मैं दूँगा। हमने कहा-"बाबा! हमारे लिए भी तो कुछ होना चाहिए।" बोले-"क्यों तुम्हारे घर पर नहीं है क्या खाने को?" (ठहाका) जिससे उनका ज़्यादा प्रेम था उसको घास कम डालते थे। जिससे ज़्यादा ही प्रेम होता उसकी तो वाट ही लगती थी।

"लेकिन लोग फिर भी आते थे। बाबा से डाँट खाने के लिए। बाबा डाँट दें, बस!"

"बाबा सिगरेट जलाते। कभी मैं उधर जाता दिख जाता, कहते-"अबे कभी तो पीने दे अकेला मुझे।"

"बाबा का टाइम था पौने दस बजे का, पौने बारह बजे का, पौने तीन बजे का सिगरेट जलाने का सबको याद था उनका टाइम। हर आदमी को पता था।"

"अब मान लीजिए कभी पौने तीन बजे के बजाय तीन दस पर पहुँचा मैं। वो तो पी चुके अपनी सिगरेट। अब मुझे मालूम है, मुझे सिगरेट कैसे पीनी है। या तो उनको कुछ मीठा खिला दो। अब वो तो उपलब्ध नहीं है या फिर कोई ऐसा टॉपिक छेड़ दो, जिसमें उनको...मज़ा आ जाए। फिर तो सिगरेट जलनी-ही-जलनी है। ज्ञान की बातें भी हो जातीं।"

"ज्ञान की गहराई में उतरना है, तो सिगरेट जलनी है।"

"मेरे को सिगरेट पीना नहीं आता था। छह महीने से कोशिश कर रहा था सिगरेट पीना सीखूँ। कश खींचता खाँसी आती। लास्ट में, फिर ये हुआ कि अभी रिसेंटली वो गए उससे पंद्रह दिन पहले मैंने ली। तीन फूँक खींचता था मैं, तीन फूँक खींचने से खाँसी नहीं आई उस दिन। उस दिन उन्होंने बोल दिया–"अब तू सिगरेट नहीं पिएगा सिगरेट पीना सीखना था, सीख गया, तेरा टारगेट पूरा हो गया। अब तू सिगरेट नहीं पिएगा।" उस दिन का दिन और आज का दिन है, मैंने सिगरेट नहीं पी।"

"पहले जब मैं खाँसता था। आँसू आते थे...तब बोलते थे–ले, पी।"

"भाभी जी को जयपुर जाना था। एक दिन सुबह-सुबह की बात है। हम घर के लोग बालकनी में बैठे चाय पी रहे थे। नीचे देखा, बाबा इधर-उधर घूम रहे हैं। मैंने आवाज़ दी पूछा–"बाबा क्या हो गया।" बोले–"तेरे को ही ढूँढ़ रहा हूँ। नीचे आ...।" उन्होंने घंटी बजाई। मैं नीचे आया, बोले–"जयपुर जाना है।" मैंने कहा–"अच्छा।" बोले–"अच्छा क्या? गाड़ी करनी है।" मैंने अपने मिलने वाले को फ़ोन लगाया, उसे बताया गाड़ी हो गई। ये उनके जाने के एक महीने पहले की बात है, जयपुर जा आए। मुझे बाद में पता चला रास्ते में गाड़ी दो-बार ख़राब हो गई। धक्के-वक्के लगाने पड़े, पर उन्होंने मुझे ये सब नहीं बताया। उनके मरने के कुछ दिन बाद वो ड्राइवर आया जो उनको लेकर जयपुर गया गया था। मुझसे बोला–"वो उनका ऐसा-ऐसा हो गया बताते हैं।" मैंने कहा–"हाँ, हो गया।" उसने पूछा–"उनका घर कहाँ है?" बोला–"उनके घर जाना है।" मैंने मेरी ज़िंदगी में ऐसा इनसान नहीं देखा, जो मेरे साथ वहाँ तक गया। सारी हेल्प करी धक्का-वक्का लगाना। रास्ते में खाना खिलाया और पाँच सौ रुपए का नोट दिया, हॉस्पिटल के बाहर। बोले–भैया!

ये पैसे लो जो तुमको खाना-पीना हो खा-पी लो। फिर लौटते वक़्त रास्ते में इतनी सारी टॉफियाँ दिलाईं। कहने लगे, बच्चों के लिए ले जाना इसे। मैं तो ड्राइवर हूँ, बहुत लोगों को ले जाता हूँ पर पहली बार देखा-ऐसा आदमी।"

"मतलब जो एक दिन के लिए मिलता था, वो भी उनका मुरीद हो जाता था।"

"उन्हें क्या, खेत ख़रीदने का शौक चढ़ा। खेत ख़रीदने का शौक उनको बहुत पुराना शौक था। वो खेत देखने अकसर आस-पास के गाँवों में जाया करते थे। देखते-देखते एक बार मैं भी ले गया, मैंने कहा–"मेरे पास ख़बर आई है बाबा, खेत देखने चलते हैं!" बोले–"चलो।" जिस आदमी ने घुमाया, खेत दिखाया, चलने लगे तो उसे भी तीन सौ रुपए दिए। कहने लगे–"दीवाली आ रही है रखो यार।" खेत तो नहीं ख़रीद पाए आख़िरकार चार भुजा गाँव में एक मकान ख़रीदा उन्होंने। उसमें खुली जगह है, पेड़ भी हैं उसमें।"

"हाँ देखा मैंने।"

"वो एक शेर बोलते थे, टूटा-फूटा सुना पा रहा हूँ मैं–"ख़्वाब दिल के आड़े हो गए, देखे ख़्वाब खेतों के अब बाड़े हो गए।" बोले–"बाड़ा ख़रीद लिया। भिण्डी उगाएँगे। बड़ी इच्छा थी उनकी खेत खरीदने की किसानों की तरह रहना चाहते थे वो।"

(5)

"मैं एक चीज़ आप लोगों से जानना चाह रहा था। जैसे आप सब लोगों से वो मिले। आप उनसे मिले। 'बाय द वे' न मिलते तो! आप क्या सोचते हैं...? (सन्नाटा) ओहो!

"अगर बाबा नहीं मिलते तो हममें से बहुत से लोग आदमी नहीं बन पाते।"

"रियली।"

"हाँ रियली, सही बात है।" (हमारे रोंगटे खड़े हो गए।)

"उन्होंने जिसे शुरू कर दिया न वो ऐसी प्रोसेस (प्रक्रिया) है, जो रुकने वाली नहीं है। हमारे अंदर...।"

"बाबा चले गए न! कोई बात नहीं। हमें दुख है। हम रोने लगे, चिल्लाहट मची। चीज़ों को हमने देखा–जिनसे हम इन्प्रूव हुए, जो हमारे सामने घटीं। ये लास्ट घटना

थी जो हमारे सामने घटी। जब उनका फ्यूनरल हुआ, बॉडी रखी हुई थी। हम पास खड़े हुए थे। फाइनली किसी ने कहा–कुछ मंत्र वगैरह के लिए। चिया (रवि की बेटी) जो वहाँ पास में खड़ी थी। मैं उनके पीछे खड़ा था, जैसे ही मंत्र शुरू किए गए। चिया बोली–"नहीं, यह सब रहने दो।" मतलब! इससे हमें लगा कि लोग आते रहेंगे, जाते रहेंगे। बाबा को भी जाना था। अभी न जाते बीस साल बाद जाते। लेकिन कुछ चीज़ें वो इनको सिखा गए, अपने बच्चों को। ये जो फालतू की चीज़ें हैं इनका ज़िंदगी में कोई मतलब नहीं है। ज़िंदगी जीने के लिए है, अपना काम करो और चलो। वो इनको सिखा गए। इनको प्रैक्टिकल बना गए। ऐसी ही प्रैक्टिकल चीज़ वो हमारे अंदर भी डाल गए। किसी में थोड़ी कम हो, किसी में थोड़ी ज़्यादा हो। उन्होंने एक प्रोसेस शुरू कर दिया।"

"एक ये कि डाउट (शक) करो चीज़ों पर, ऐसे ही मान मत लो। बेशक, बहुत सारी चीज़ें अभी भी मानते हों, फिर भी एक साइड का बीज तो वो डाल गए हमारे मन में। एक प्रवृत्ति पैदा कर दी, हर चीज़ को एक डिफरेंट (भिन्न) एंगल (नज़रिए) से देखने की।

दूसरी उनकी सब्सक्राइब की गई पुस्तकें-पत्रिकाएँ दो-दो साल की, तीन साल की वो अभी आ रही हैं। पढ़ने की जो आदत बन गई।"

"कौन सी पत्रिकाएँ?"

"समयान्तर है, हंस! या कुछ वे ब्लॉग्स जो वो शेयर करते थे। उन्होंने वो रास्ते बताए कि अगर आपको कुछ अलग चाहिए तो वो यहाँ उपलब्ध है। अन्यथा आपको सब जगह कचरा मिलेगा। जो फ़र्क़ करना है, वो उन्होंने हमको सिखाया। हमको कैसे पता चलेगा कि ये बात ठीक है इसकी कसौटी तैयार करना सिखाया उन्होंने हमें।"

"क्या वाकई लोगों की ज़िंदगी बदलने का काम कोई आदमी कर सकता है?"

"निश्चित रूप से कर सकता है।"

"मेरी वाइफ जो है, वो सोच नहीं सकती थी कि वो कभी इतनी अच्छी लाइफ जिएगी। मुझे इतना गुस्सा आता था कि बस पूछो मत...। बाबा ने मेरा गुस्सा कम करा दिया; समझो ख़त्म ही हो गया। मेरी वाइफ के मन में उनके प्रति बहुत सम्मान है।"

"आपसे बहुत सारी सार्थक बातें हुईं। बेशक, हमने रवि की बदौलत बहुत सारी दार्शनिक, राजनैतिक, सैद्धांतिक बातें नहीं कीं लेकिन हमने ज़िंदगी की बहुत सारी ज़रूरी बातें कीं। ज़िंदगी को बेहतर बनाने के लिए जो सैद्धांतिक बातें होती हैं, दार्शनिक बातें होती हैं ये जो विचार हैं, समझ है, बहस, विमर्श है–यह एक तरह का संचरण एवं संवाहक है, जैसे तार में विद्युत। लेकिन जब तक उसका रूपान्तरण न हो जाए तब तक विद्युत ऊर्जा, विद्युत चुंबकीय या कोई-सी भी ऊर्जा, अन्य रूपों में रूपान्तरित न हो जाए। प्रकाश ऊर्जा में, बल रूप में, कार्य रूप में या अन्य कोई उसका हमारे लिए क्या प्रयोजन है। जैसे उपरोक्त वार्ता में सहभागी एक साथी ने कहा भी कि, जो ज्ञान है, जो विचार है, दर्शन है, जब तक व्यवहार में रूपान्तरित न हो तब तक किस काम का? बल्कि वह आपके जीवन में दोहरापन पैदा करेगा, पाखंड पैदा करेगा। आप बातें तो दूसरी करते हैं, वास्तविक जीवन में आपकी सापेक्षता भिन्न है। आप एक नकली जीवन जीने के लिए तैयार हो गए। वह प्रभावी नहीं हो सकता। इस समय हम अपने आस-पास जो देख रहे हैं, उसमें ऊर्जा का संग्रहण और संचरण भी है और उसे अभिप्रेत के निमित्त रूपान्तरित न करने की अक्षमता को छिपाने का पाखंड भी है। अधिसंख्यक विचारवान, विमर्श, बौद्धिक, बुद्धिजीवी, व्याख्यानकर्ता न तो अपना जीवन बदल पाए...। रवि ऊर्जा के रूपान्तरण के काम को करने लायक था, उसने यह काम किया और वह कर सका। यह उसके जीवन की सार्थकता का बड़ा पहलू है।" "इसका सबसे बड़ा उदाहरण तो भाभी जी हैं हमारी (रवि की पत्नी, अनीता स्वर्णकार)। ये जब आए थे नए-नए। तब इनकी और रवि जी की विचारधारा में बहुत-बड़ा, ज़मीन-आसमान का अंतर था।"

"अच्छा?"

"लेकिन उसने जो कार्यविधि रची और चालू रखी और इनमें जो आज परिवर्तन है सोचने और समझने की क्षमता है, उसमें बहुत अंतर है। पहले तो हमें लगता था कि इस बात का अनुभव तो इन बच्चों को भी होगा।"

"नहीं बच्चे तो अभी आए हैं, परिपक्व परिवेश में लेकिन ये तो उस समय नए-नए आए थे। और उस जैसी विचारधारा के साथ सामंजस्य बिठाना मुश्किल था।"

"शुरुआत वाला वक़्त डिफिकल्ट था। शादी (1995) के बाद में इनसे मिलने आया था 2008 में।"

“2008 के पहले जब भी आते थे यहाँ हम पति-पत्नी तो मैं यहाँ से विजयी होकर जाता था।”

“विजयी! मतलब?”

“विजयी मतलब, विजयी मुद्रा में। क्यूँकि भाभी जी आते ही कंप्लेन्टस शुरू करतीं बाबा की। बाबा की कंप्लेन्ट होती तो मतलब मैं, अच्छा आदमी साबित हो रहा हूँ न? मेरी पत्नी के सामने। लेकिन उनका धैर्य इतना बढ़िया था कि वो सब सुनते थे। कभी वो उनकी बात उस वक़्त नहीं काटते थे। जितनी भड़ास निकालनी है, निकाल लें। कभी नहीं टोकते, कभी नहीं।”

“मैं और मेरी पत्नी, वो और उनकी पत्नी, जब भी बैठते। मेरी पत्नी उनकी तारीफ़ करे मेरी बुराई करे। वो मेरी तारीफ़ करे और उनकी बुराई करे। हम चारों मिलके। हममें यही द्वन्द्व चलता रहता था...और आए दिन बैठना। फिर लास्ट में निष्कर्ष निकलता था कि सब बढ़िया है।”

“मेरी तो कोटा इंजीनियरिंग कॉलेज में नौकरी थी, वहाँ से छोड़कर आया। कई लोग मुझसे पूछते भी हैं वहाँ से छोड़कर क्यूँ आया। यहाँ तो रेडिएशन भी है। मैं बोलता कि यार...लेकिन मुझे यहाँ आने के इतने दिन बाद, अब ये लगता है कि, मैं अगर यहाँ नहीं आता तो बाबा से नहीं मिल पाता। ये फ़ायदा हुआ मुझे यहाँ आने की वजह से। मैं अगर वहाँ नौकरी कर रहा होता तो और सबकुछ ठीक रहता, पर मैं यह नहीं जान पाता कि जीवन कैसे जिया जाता है। मैं सीख भी नहीं पाता।”

“मेरे जीवन की सबसे बड़ी उपलब्धि मैं मानता हूँ, मैं उनसे मिला।”

“और अभी तो, ऐसा कहने को और बहुत सारे लोग होंगे।”

“और, बहुत सारे।”

“अभी इनमें भी हमारे एक मित्र रह गए प्रहलाद तंवर। उनकी बात भी यहाँ शेयर करना ज़रूरी है।”

“हाँ, हाँ! करिए यार...।”

“प्रहलाद जी एक ऐसे आदमी थे, जिन्हें आप वाम विचारधारा का आदमी नहीं कह सकते। वो जॉब में आए, वो अपने विचारों के प्रति सच्चे और निष्ठावान थे। सीधे-सादे, सज्जन आदमी। बाबा के आमने-सामने बैठना, बातचीत होना। आज जो वो हैं, मिलेंगे उनसे। आज, लेफ्ट की विचारधारा पर पूरा कमांड है उनका।

ये बदलाव...कहाँ से...वो जो आदमी दूसरे पोल पर था। उस पोल पर भी वो बड़ा पिलर। अब वो आदमी, बहुत बदल गया। उनके साथ रहते-रहते उसने सारी चीज़ें अपने जीवन में उतार लीं। अब देखो जीवन को 'एक्स' जगह से 'वाई' जगह पर ले आना। उसको जीना शुरू कर देना। ये उनका...काम है। अपने बोलते हैं न कि बदल नहीं सकते लोगों को।"

"हमने तो बदलते हुए देखा लोगों को!"

"एक को नहीं, कइयों को।"

"आज के समय में लोग इसी बात पर तो अविश्वास करते हैं। पढ़े-लिखे लोगों की बातें करना एक अलग चीज़ है। अपने आप को बदलना कठिन है। किसी दूसरे को बदलना तो और भी कठिन है।"

"उनका प्रभाव हमारे सेक्शन पर तो था ही साथ ही, दूसरे सेक्शन पर भी था। बाबा ने एक ऐसी चेन शुरू की। उनके मित्रों पर क्योंकि दिखने लगा वो, वो ढाल गए लोगों को व्यवहार में।"

"लोग कॉपी करने लगे उनका व्यवहार। लोग सोचते थे यार! बाबा सुनेगा या देखेगा तो क्या कहेगा। मतलब जेहन में बाबा का एक साया चलता था कि कुछ भी गड़बड़ होगा और वो प्रकट हो जाएगा।"

लेकिन वो लड़ते नहीं थे किसी से। उनकी यारियाँ इतनी मज़बूत थीं कि बस...। उनकी दोस्तियाँ उतनी गहरी थीं...। मुझे लगता है ऐसा...चाहे और किसी को लगे न लगे।"

"हर आदमी जो उससे मिला आप उससे पूछ लो, वो कहेगा–उसने कुछ खो दिया।"

"लोग मानते हैं–मेरा कोई अपना, मेरा भाई भी होता न प्लांट में तो वो भी इतना, ऐसा मेरा अपना न होता, भरोसेमंद।"

"आदमी, इतना...कैसे क्या कहूँ?...एक बात कहूँगा जैसे साउथ इंडिया में मरते हैं न कई बार, जननायक की छवि वाले लोग...तो कई चाहने वाले, आत्महत्याएँ कर लेते हैं। बाबा के न रहने पर मैं तो यह कहूँगा, कर सकते होंगे।"

"उनके जाने के बाद यह अहसास हुआ।"

"अरे, आपने रोते देखा। गाँव में चिल्लाहट के साथ रोती हैं औरतें। छाती पीट-पीटकर, चिल्ला-चिल्लाकर विलाप करती हैं। छातियाँ तो नहीं पीटीं, पर इन

लोगों को ऐसे ही विलाप करते, एक-दूसरे से लिपट-लिपट, बिलख-बिलखकर रोते हुए तो मैंने देखा है।"

"अच्छा?"

"बच्चे रोते हैं जैसे, फफक-फफककर।"

"जैसे पछता-पछताकर रोते हैं न! ये क्या निकल गया हाथ से, ज़िंदगी से।"

"अकस्मात्! क्या छिन गया इनसे। कोई सोचे तो क्या सोचे।"

"आश्चर्यजनक था। घरों पर भी यही हाल था।"

"साया उठना इसी को कहते हैं।"

"इसके तो पेरेंट्स आए हुए थे। अब ये तो घर जाकर फूट-फूटकर रोवे। वो पूछें क्या हुआ? क्या बोले? कहा कि, प्लांट में जो हमारे पिता जी थे वो नहीं रहे।"

"कुछ लोग बीमार हो गए।"

"मैंने तो मेरी मदर को बताया नहीं, वो उधर की हैं-भरतपुर की तरफ़ की; वो ऐसे ही बोलती थीं-का कर्रो है, क्हाँ जारो है। ये भी ऐसे ही बोलते थे। मुझे डर है सदमे में आ जाएँगीं।"

"फॉर्मेलिटी बिलकुल न थी, बिलकुल सामान्य जीवन। घर पर आएगा, ज़मीन पर बैठेगा।"

"मेरी निगाह में तो, एक बहुत ही बेहतरीन आदमी थे। एक बार मैंने उनकी तारीफ़ कर दी उनसे तो, एकदम बिगड़ गए। डाँट दिया मुझे। बोले-"बदतमीजी मत किया करो हमसे! अच्छाइयों पर गए हो तुम। अभी बुराइयाँ नहीं देखीं तुमने हमारी।" मुझे अफ़सोस रहा दूसरे दिन मैंने उनसे कहा-"माफ कर दो यार! सॉरी! मैंने तारीफ़ कर दी आपसे, आपकी। आपको दुख पहुँचाया।"

"अरे!" हँसे ज़ोर से बोले-"आओ, आशीष बाबू! आज से हम तुम्हें अपना शिष्य घोषित करते हैं। क्या बात है! तुम इसके लिए सॉरी बोलने आए हो। ख़ूब मिले यार। एक जना तो आया सॉरी बोलने इस बात की कि-माफ़ करना यार, हमने कल तारीफ़ की थी तुम्हारी।" धीरे-धीरे मैं भी उनसे कुछ चतुराइयाँ सीखने लगा।

एक दिन मैं उनसे बोला-"बाबा आप बहुत कुछ जानते-पढ़ते रहते हैं। राजनीति, दर्शनशास्त्र, गणित, क्वान्टम फिजिक्स वगैरह-ये सब तो हैं लेकिन जो

बात आपकी ज़बरदस्त है, वो रचना के, कविता के मर्म को जानना-पहचानना।" उन्होंने कहा–"बात तो तुम्हारी सही है, मिश्रा बाबू! पर इसमें भी तुम्हारा मिश्रापना शामिल है।" बड़े ख़ुश हुए फिर कई बातें हुईं। घोड़ा, लगाम, धूमिल, पाश।

पाश की एक कविता कहीं से शेयर की हुई, उन्होंने भी कर ली। मुझे बड़ी ख़ुशी हुई, लगा आज सार्थक हुआ...। ऐसा लगा, तो उस दिन उन्होंने पकड़ा मुझे और मुझसे बोले–"आशीष वो तुमने 'पाश' की कविता डाली है, उसमें एक लाइन है यार बड़ी प्यारी कि–"तुम्हारे बग़ैर मैं भगत सिंह होता हूँ।" या एक और लाइन है कि, "गौतम बुद्ध होता हूँ।"

"आशीष, काश! तुम मतलब जान पाते इस बात का, इन लाइनों का।"

मेरे तो पाँवों तले ज़मीन खिसक गई। क्या करता जान बचाने के लिए पूछा–"तो बता दें आप।" बोले–"बताएँगें, हाँ बताएँगे। पर देखो यार क्रूर बात लिखी है–तुम्हारे बग़ैर मैं गौतम बुद्ध होता हूँ।" अब मैं कहूँ, "बाबा गौतम बुद्ध तो छोड़कर चले गए थे।"

"हाँ वो सब ठीक है यार। पर क्या ग़ज़ब लिखा है–'तुम्हारे बग़ैर मैं गौतम बुद्ध होता हूँ।' इसके मर्म को समझो।"

मैंने कहा–"समझाओ तो सही थोड़ा।" "मतलब कोशिश करो।" बात की बात हो गई। बात में बात चली गई, वो कभी मेरे समझ में नहीं आया...।

(6)

"हमने सबने पढ़ना भी उन्हीं से सीखा।"

"अच्छा।"

"हाँ! (सामूहिक) उनके संपर्क में आने के बाद ही पढ़ना हमारी ज़िंदगी में आया। बाकायदा एक लाइब्रेरी चला रखी थी उन्होंने। एक रजिस्टर था, किताबों की अहमियत उन्होंने बताई हमें और पढ़ना सिखाया।"

"अब आप क्या सोचते हैं–इसके बाद, आगे?"

"(चुप्पी) सोचना पड़ेगा इसपर तो। उनके चले जाने के बाद, कुछ दिन पहले, प्रहलाद के यहाँ मिले थे हम। तब मैंने यही सवाल पूछा था, अब हम क्या करेंगे यार?"

"हम उन पर पूरा डिपेंडेंट हो चुके थे। हमारी पास-दूर, घूमने-फिरने जाने, पिकनिक पार्टी भी वही तय करते थे। लास्ट में जो पार्टी हुई, उसमें चीटिंग कर गए वो। पार्टी का हिसाब बना रहे थे, उन्होंने कहा–"इस पार्टी का पैसा अभी ही देना है।"

"कितना हुआ?" जितना हुआ, वो उन्होंने तत्काल चुकता किया अपने पास से। हम बोले–"अगली पार्टी हम करेंगे।" वो बोले–"तब की तब देखी जाएगी।"

"मतलब लास्ट पार्टी अपनी तरफ़ से देके चले गए।"

फिर वही बात कि करेंगे क्या? तो प्रहलाद जी तो बिल्कुल ब्लैंक थे। कुछ जवाब नहीं दे पाए, मुझे भी कुछ नहीं सूझा। उसी वक़्त उनका बेटा बोला–"बाबा नहीं हैं तो क्या हुआ, किताबें तो हैं। बाबा ने क्या किया, किताबें पढ़ीं।" मैंने कहा–"बात तो सही है, यार। किताबें हैं, और हासिल कर लेंगे...पढ़ेंगे। लेकिन इंपोर्टेंट बात यह है कि उनको समझाएगा कौन? हम तो समझने के डिपेंडेंट हो गए। बेसिकली, निर्भर हो गए। हमें तो कोई सीधा समझा दे। हम पढ़ना ही नहीं चाहते। या हम पढ़ भी लें तो उतना समझ नहीं पाते। चीज़ों को आगे अब कौन समझाएगा। हम एक सर्टेन लेवल पर हैं। एक प्रोसेस शुरू हो गई। उसको खींचने वाला, जारी रखने वाला, केरी करने वाला या इंजन चला गया। बहुत सारी जिंदगियाँ, कहें तो रुकी हुई हैं। कोई मुश्किल आती है तो मिल लेते हैं, बात कर लेते हैं। लेकिन आगे ले जाने वाली जो बात है। मुझे पर्सनली तो नहीं लग रहा कि उस कमी को कोई पूरी कर पाएगा।"

"वो एक साथ बिठाकर जो समझाते थे न! ढंग से, वो चीज़ अब ख़त्म हो गई।"

"फिर लगता कुछ-न-कुछ तो हम बेहतर हुए हैं–अभी जैसे लगता है कि हम एक-दूसरे का सम्मान करते हैं या एक-दूसरे का सम्मान करना चाहिए। किसी बात पर गुस्सा आ गया तो भी चाहते हैं डायलॉग जारी रहे। पहले जो अपने अहं के कारण ब्रेक कर देते थे चीज़ों को, अब कोशिश करते हैं कि अब न हो। ये आदत छोड़कर डायलॉग कन्टिन्यू रखना चाहिए। आगे नहीं बढ़ पा रहे लेकिन इस लेवल पर यह डायलॉग चलता रहे। जो कुछ भी है...आपस में शेयर करते रहें...एक-दूसरे से।"

"आगे ले जाने वाली पोस्ट तो चली गई। बहुत मुश्किल है, कोई कर पाए।"

"मुझे तो मेरी पर्सनल लाइफ में ही नहीं, जहाँ भी मेरा जाना हुआ ऐसा आदमी नहीं मिला।"

"हाँ, लेकिन पढ़ाई तो हम कर लेंगे, उससे ज़्यादा कर लेंगे। लेकिन वो जो ज़िंदगी को जीना है न! वो आता नहीं है हमें। वैसे हम प्रयास तो कर रहे हैं। मेरी, मेरी क्या हम सबकी ज़िंदगी में सबकुछ है। शादियाँ, बच्चे, घर-बार...सबकुछ है, पर आनंद नहीं है। एक तो वो जो होता है न! अपने को फ़र्क़ कैसे पता चलता है। अभी रवि यहाँ होता और तब हम बैठे होते। रवि अभी यहाँ नहीं है, और हम बैठे हैं। बस इतना सा ही फ़र्क़ है। अभी हम दस नंबर का काम कर पा रहे हैं, वो सौ नंबर का करता। और दूसरी बात–रवि अकेला होता, गुप्ता जी होते या मैं होता। यानी दो ही जने होते, दो होते या एक होता, तो उसको ये लगता नहीं कि दस जनों की कमी है। वो अकेला ही काफ़ी था, बस यही चीज़ हमारी ज़िंदगी से चली गई, जो इतने लोगों की कमी एक साथ पूरी कर दे।"

"ऐसे ही एक बार मेरे मुँह से निकल गया–बाबा जैसे कोई आदमी बड़ा काम कर रहा था, उसकी मृत्यु हो गई...बड़ा अच्छा आदमी था। बोले–"आशीष बाबू! हमारा मरना क्या और तुम्हारा मरना क्या? मरो तो सालों...लेनिन की तरह मरो, मरो तो सालों, पाश की तरह मरो। ये कोई मरना हुआ...। कुत्ते हैं हम, गटर भर कर चले जाएँगे। किया क्या...?"

"अब हमें लगता है छेड़ेंगे किसे?"

"हमारी बैठक कहाँ होगी?"

"बैठते थे तो कहते थे, उसको तो बुलाओ! बैठेंगे पर उसको तो बुलाओ। अब बंद ही हो गया। मैं और जितेंद्र बैठते हैं कभी।"

"आते थे कभी। दस बज जाते थे तो मैं कहता था–"बाबा देर हो गई। आपके सोने का टाइम...।" वो कहते–"देखो बाबू! ये समय तुम हमारा नहीं ले रहो हो, हम तुम्हारा ले रहे हैं। किताब लेने आए हो किताबों की बातें हो रही हैं, कहो तो बारह बज जाएँ। यह हमारा पसंदीदा काम है। सबसे ज़्यादा मज़ा आता है हमें किताबों में। किताबों पर बात करो, किताबें ले जाओ, किताबें पढ़ो और लौटाओ।"

"वो चीज़ हम नहीं कर पा रहे। नहीं कर पा रहे न!"

"रानी मक्खी, चली गई तुम्हारी। (हँसी)"

"अब हम बात करते भी हैं न तो बात ऐसी होती है–"बाबा होते तो ऐसा होता।" ऐसी बात होती है हमारी। हमारे अपने संवाद तो कुछ होते ही नहीं हैं।

'ग़ालिब' का शेर है न वो कि–"यूँ होता तो यूँ होता।"

“एक चीज़ ज़रूर लिखना इसमें कि वो ‘ना’ नहीं करता था किसी को। किसी बात के लिए।”

“अभी ही उसने सिगरेट पी है और कोई आ गया।”

“दशोरा आ गया। दशोरा!”

“एक बार सिगेरट पीने के बाद कोई आया तो दुबारा सिगरेट, वो गया दूसरा आया तो फिर सिगरेट। मतलब ना तो वो किसी को करता ही नहीं था। एक दिन मैं बैठा था, मैंने कहा–“बहुत हो गई यार! ना कर दिया कर इसमें क्या है।” पर उस पर कोई असर नहीं।

“वो, क्या नाम उनका, वो आते ही बाबा से सिगरेट लेते। तीन कश खींचते, नीचे पटककर पैर से कुचलकर चले जाते, उसी के सामने।”

“और बाबा! बाबा कैसे सिगरेट पीता था, अंगुलियाँ जलने लग जाएँ न तब तक पीता था।”

“एक बार मैंने बाबा से पूछा–बाबा! कपड़े कहाँ से ख़रीदते हो?”

“शादी में चल तो रहे हैं।”

“कपड़े तो वो कैसे भी पहनकर चले जाते थे। उनकी दो-पाँच शर्टें जैसी थीं। गेट नं. चार से पाँच के बीच में रोज़ मिल जाते कहीं-न-कहीं। कपड़ों से पहचान जाते। वो जा रहे बाबा, बाबा जा रहे हैं तो बाबा को रोकना ही है। पाँच मिनट बात करनी ही है, और बहुत सारे लोग हैं–उनके लेवल के। (इशारे से) आपके लिए नहीं बोल रहा हूँ सीरियसली (ठहाका)।”

“ये हुई न कुछ उस जैसी बात।”

“बिलकुल सही बात है। ये चुटकी उस जैसी है।”

“इसमें थोड़ी-सी कमी रह गई, कोई छोटी-मोटी गाली भी होती तो चलती।”

“उनसे बात किए बग़ैर तो निकल ही नहीं सकते थे।”

“बच्चा हो, बूढ़ा हो। मेरे मम्मी-पापा आते, गेट से फ़ोन करते। गेट पर ही बाबा मिल जाते तो कई बार बिठाकर ले आते। मैंने मम्मी को बताया। बड़ा दुख हुआ उनको।”

“वो तो बहुत अल्टीमेट आदमी थे। क्या बोलें उनके बारे में।”

"चिक मँगाई थी न? चिक मँगाई थी एक बार मैंने उनसे। सिर पर धरकर लेकर आ रहे थे मेरे घर पर। साधन नहीं थे। रोडवेज बस ने एन.टी.सी. गेट पर उतारा। अब घर तक कैसे लाना। फ़ोन किसी को करना नहीं...सिर पर धरकर ला रहे हैं। मैं ऐसा पानी-पानी हो गया कि यार क्या काम कह दिया मैंने इनको।"

"वो सबको पानी-पानी कर देते थे।"

"वो सबको पानी-पानी करने के लिए काम करते थे।"

"वो चाहते थे आदमी अपना काम खुद करे।"

"जो आदमी जिस चीज़ से चिढ़ता था वो उसी बात को इतनी बार करते थे, इतनी बार करते थे कि आदमी चिढ़ना छोड़ दे।"

"उन्होंने लोगों को इतना बदला न! कि हमने देखा है। कई लोगों को खुद अपने मुँह से बोलते देखा है।"

"सबसे महत्त्वपूर्ण तो यही है कि लोगों को बदल पाते हैं या नहीं। हाँ, कहना अलग बात है लेकिन बदलना अलग बात है।"

"लोगों को बदलने का काम कुछ संस्थाएँ करती हैं यथा-शिक्षा करती है, समाज सुधारक संस्थाएँ करती हैं, धर्म करता है कदाचित् करता था। अब इन संस्थाओं की अवस्थाओं की दशा देखकर इस बात पर विश्वास करना वास्तव में कठिन हो गया है कि लोगों को बदला जा सकता है। वहाँ से कोई उम्मीद नज़र नहीं आती बल्कि पाखंड ही दिखता है। राजनीति तो बहुत ही निराश करती है।

असंख्य भाषणों, संभाषणों, विमर्शों, व्याख्यानों के होते सवाल यही हैं कि-इनसे होता क्या है? हो क्या रहा है? क्या कुछ बदल रहा है? ऐसे में यदि कोई किसी एक को भी बदल रहा है तो यह अपने समयकाल की बड़ी परिघटना है।"

"इसलिए रवि का होना बहुत बड़ी घटना है।"

यह कोई मात्र व्यक्तिगत घटना नहीं है। यह कोई पारिवारिक घटना नहीं है, यह एक सामाजिक घटना है और सांस्कृतिक घटना है। इसमें से आप व्यक्ति या व्यक्तियों को निकाल सकते हैं-शिवराम, रवि, सौम्या और सौमित्र और अनीता स्वर्णकार।

शिवराम और रवि की हम तुलना नहीं कर सकते, करनी भी नहीं चाहिए। वो जद्दोजहद में रहते थे। कई बार असंभव के अवसर आए। तब वे परेशान होते थे। कहते थे, अगर हम अपने आप को नहीं बदल पाए, अपनी फैमिली को नहीं बदल

पाए तो हम फेल हैं। उन्हें इस फैलियर की कसौटी हमेशा याद रही। वो इन चीज़ों पर बहुत काम करते थे। इसीलिए वो बाहर भी कामयाब तरीक़े से कर पाए।

वो ईमानदार थे। मैं दक्षिणपंथियों से भी प्रभावित हुआ तो इसी बात से कि वे अपने मिशन में ईमानदारी से लगे रहते हैं। रवि का यह था कि वो सोता भी अपने मिशन में था, वो क्लियर था। उसे पता था, कोई चीज़ हम कर रहे हैं तो इसलिए कर रहे हैं। इसी तरह कोई चीज़ नहीं करनी है तो क्यों नहीं करनी है।

"हमें लगता है—यार, वो होता न तो आनंद से तो जी ही पाते। नहीं सीखते कुछ तो कोई बात नहीं।"

"वो जो बोलते हैं औरा। साधुओं का संतों का वैसा औरा था उनका।"

"इसीलिए बाबा कहते थे लोग उनको।"

"दरअसल यही, हमारी सोसाइटी की जो वेल्यूज़ हैं। हम साधु किसको कहते हैं? बाबा किसको कहते हैं? जो त्याग करते हैं—निवृत्ति। इसके उपरांत वे जीवन के आनंद को, सच्चे आनंद को जानते हैं। चिंता-फ़िक्र नहीं और आसक्ति नहीं। इसीलिए उनको बाबा कहने लगे लोग।"

"इसको अधिकतर विचारवान लोग नहीं समझ पा रहे। वे समझते हैं कि जीवन का तो कोई अर्थ नहीं है, मूल्य ही नहीं है—जबकि मनुष्य ही मुख्य है, सारी चीज़ें उसी के लिए हैं।"

"वो कहते थे साधन को छोड़ दो। मनुष्य सबसे ऊपर है।"

"आप लोगों से बहुत अच्छी बातचीत हुई। आप सब लोगों को इस तरह की बातचीत, गपशप करते रहना चाहिए।"

"हमने कोई भाषण नहीं किया। गंभीर बहस नहीं की केवल बातचीत की। उसके बाद फिर दुख होता है।"

"दुख स्वाभाविक है, होना चाहिए, अपन कोई पत्थर थोड़े ही हैं।"

"लेकिन कई बार डिप्रेशन तक चला जाता है गागला। नहीं...नहीं जाना चाहिए।"
"क्यों जाना चाहिए।"

"इन बच्चों को देखकर हिम्मत मिलती है।"

"दुख तो हो लेकिन दैन्य न हो।"

"रवि की विरासत यही है।"

"जीवन को समझ लें, जीवन के आनंद को समझ लें। यह बोधगम्यता हममें होनी चाहिए।"

"रवि के न रहने पर हम सबको रवि का रोल अदा करना चाहिए"

"हम जो कुछ भी हैं–उस पर गर्व करना, स्वाभिमान से जीना सिखाया उसने।"

"उसने भले ही कम जीवन जिया लेकिन एक सार्थक जीवन जिया। वरना आप जानते हैं, कौन किसको याद करता है। न रहने पर तो कोई नहीं करता। संसार से बहुत लोग जाते हैं। हमारे परिजन जाते हैं।"

"इस चर्चा को बनाए रखें। आनंद को बनाए रखें।"

"सब मेहनत करें। अपने बच्चों में अपने पोतों में रवि बनाएँ।"

"कई बार हम स्वयं जो बनना चाहते हैं और नहीं बन पाते, वो अपने बच्चों को बनाते हुए बन जाते हैं। हम बच्चों को अच्छा बनाने की कोशिश में खुद भी अच्छे बनते हैं।"

"सबको मालूम है यह रास्ता"

"उनसे जिस उम्र में जो मिला, उनको उस आदमी में संभावना दिखी। उसमें किंचित निराशा नहीं थी।"

"यह रेयर है, यह अनुभव रेयर है। जादूगर वही होता है जो जादू करे और पता न चले।"

इतनी बातों के बाद भी बातें बीतीं न थीं। समय होता तो हम और बैठते...लौटना था। सबकुछ इतना अलग था कि उसे लिखने के बाद और अधिक कुछ कहना, लिखना निरर्थक-सा लग रहा है। मैं रवि के साथियों से मिलकर अगर दो-पौने घंटे बात नहीं कर चुका होता तो बहुत सारी और बातें लिखता-कहता, पर अब लगता है कुछ न कहना ही अच्छा है।

❑❑❑

प्रभाकर प्रकाशन द्वारा प्रकाशित पुस्तकें